Urs-Beat Fringeli

Das kleine Buch der Lebensfreude

vianova
Verlag Via Nova

Urs-Beat Fringeli

Das kleine Buch der Lebensfreude

vianova
Verlag Via Nova

1. Auflage 2018

Verlag Via Nova, Alte Landstr. 12, 36100 Petersberg

Telefon: (06 61) 6 29 73

Fax: (06 61) 96 79 560

E-Mail: info@verlag-vianova.de

Internet: www.verlag-vianova.de

Umschlaggestaltung: Guter Punkt, München

Satz: Sebastian Carl, Amerang

Druck und Verarbeitung: C.H. Beck, 86720 Nördlingen

ISBN 978-3-86616-452-9

Für
Werner Vogel †

Dieses Buch widme ich meinem im Jahre 2017 verstorbenen Mitbruder Pfarrer Werner Vogel (11. 6. 1935 – 13. 6. 2017). Er hat zusammen mit Herrn Martin Büttner den Verlag Via Nova gegründet und aufgebaut. Dessen zahlreiche und wertvolle Bücher enthalten viele Aspekte und Themen einer ausgewogenen und ganzheitlichen spirituellen Dimension der christlich-abendländischen Kultur, die Lebenshilfe, Lebenskraft und Sinn für unsere Zeit und unser Bewusstsein schenken. Pfr. Werner Vogel war erfüllt von Vertrauen und Zukunftshoffnung. Zu seinen letzten Worten zählt die Aussage: „Es wird alles gut." Wenn das nicht ein treffendes Geleitwort zum Thema „Lebensfreude" ist! Möge sein schöpferisches Wirken (weiterhin) Frucht bringen.

Die Seele ernährt sich von dem,
worüber sie sich freut.
Augustinus

Inhalt

Einführung

Wir alle erfahren es im Alltag: Eine schlechte Nachricht, ein trüber Gedanke, eine schwierige Situation, schon ist unsere gute Laune verflogen. Damit schwindet unsere Freude am Dasein - mindestens zu einem Teil.

Was können wir dagegen tun?

In diesem Buch versuche ich aufzuzeigen, wie wir die eben genannten Störungen sofort auflösen, um mit Freude und Zufriedenheit leben zu können.

Viele meinen, Glück sei eine Gunst des Schicksals, ein heiteres Gemüt, eine Gabe, die nur wenige besitzen. Aber letztlich bestimmen wir alle unser Schicksal selber, wenn wir an uns glauben. Unsere Träume gehen in Erfüllung, wenn wir mutig und beharrlich unseren Weg gehen. Dann erfüllt sich das, was man „Schicksal" nennt. Einige Menschen wählen dieses Wort aus Bequemlichkeit und blockieren sich damit selber. Sie resignieren.

Vielleicht denken Sie: Das klingt ja alles gut. Aber mir fehlen die Bedingungen zu einem Leben mit guter Laune. Ich habe tatsächlich einmal in einem Buch gelesen, man soll keine Lebenshilfebücher lesen, denn diese Autoren hätten einfach Glück gehabt. Abgesehen davon, dass der Autor selber ein solches Buch geschrieben hat, stimmt es überhaupt nicht! Auch ich habe nicht einfach Glück gehabt, obwohl es mir heute gutgeht, seitdem ich nach den Einsichten lebe, die ich in diesem und in anderen Büchern festgehalten habe. Denn viele Bücher können uns helfen, das Leben zu meistern. Ich bin meinen Weg gegangen. Auf diesem Weg gab es Hindernisse. Ich habe versucht, die Herausforderungen als Chancen zu sehen, habe nicht aufgegeben. Das ist unerlässlich. Das Glück fällt nicht vom Himmel. Und je schneller uns das Glück zuteil wird, desto schneller vergeht es wieder. Jeder und jede kann es schaffen! In diesem Buch geht es nicht um leere Versprechen. Wenden Sie die Empfehlungen an, Sie werden sehen, dass sie Ihnen Lebensfreude vermitteln. Wer nicht aufgibt, wer Geduld hat, der wird es schaffen!

Das Leben ist voller Überraschungen! Zum Glück!

Aber nicht alle sind uns willkommen. Auch wenn Sie zur Zeit mit Ihrem Leben zufrieden sind, können die folgenden Zeilen Ihnen zeigen, wie Sie diese Zufriedenheit erhalten können, selbst dann, wenn Schwierigkeiten auftauchen. Gerade darum geht es in diesem Buch.

Auch Ihr persönlicher Traum kann in Erfüllung gehen!

Aber nur, wenn Sie wirklich an ihn glauben! Das ist kein leeres Versprechen. Ich möchte Ihnen zeigen, wie Sie noch viel mehr aus Ihrem Leben machen können.

Ich hoffe, nicht belehrend zu wirken, wenn ich Sie immer wieder direkt anspreche: Mit Ihnen bin ich unterwegs, stelle ich Fragen, erhalte ich Antworten, die ich ja nicht alle selber gefunden habe. Aber alles, was ich in diesem Buch geschrieben habe, habe ich selber so erlebt, konnte und kann ich für mein Leben fruchtbar machen.

Spontan abheben, die Freiheit genießen und dann wieder sicher landen. Das macht Spaß. Geht das?

Kann man/frau wirklich Zufriedenheit in der Seele „abspeichern"? – Auch im Alltag?

Wir können den Alltag schließlich nicht ausblenden, ohne das autonome Leben aufzugeben und die Wirklichkeit aus den Augen zu verlieren.

Als ich kürzlich im Stress für einen Augenblick die gute Laune verlor, wohl mehr deshalb, weil ich sie verlor, nicht bei mir selbst war, nicht wegen der belanglosen Ursache…, da überreichte mir meine Mitarbeiterin eine Blume, die im Stadium des Aufgehens war. Die einzelnen Blüten strebten voneinander fort und bildeten mit der Zeit eine Kugel. Die Kollegin meinte: „Schau dir diese Blume an, wie sie sich verändert, freue dich über das Leben, das sie offenbart." Warum konzentrieren wir uns nicht mehr auf das aufblühende Leben?

Genau. Das ist der springende Punkt: den Blick hinlenken zum Leben. Eben habe ich über die „Lappalie" geschrieben. In vielen Fällen sind die Ursachen unserer Verärgerungen oder Verstimmungen völlig unwichtig. Wir sind im Stress und ärgern uns über Dinge, die so viel Beachtung eigentlich gar nicht verdienen. Würden wir uns ein paar Jahre später an sie erinnern, wäre es uns vermutlich peinlich…

„Es gibt zwei Regeln für ein Leben in Harmonie.
Erstens: Regen Sie sich nicht über Kleinigkeiten auf.
Zweitens: Es gibt nur Kleinigkeiten."
Wayne Dyer

Zurück zur Blume:

Eine solche Blume hat vor über zweitausend Jahren ein spiritueller Meister in einer größeren Versammlung ohne Worte den Menschen gezeigt. Alle haben sich den Kopf zerbrochen, was er damit sagen will. Nur einer hat gelächelt.

Derjenige, der die Blume gezeigt hat, war Buddha, und derjenige, der gelächelt hat, wurde sein Nachfolger. Damit wird schon klar: Wer lächeln kann, ist der Erleuchtung (schon) näher. Im Westen würden wir diese vielleicht als „Erlösung" bezeichnen. Sie hat für mich etwas mit Freiheit zu tun. Hier sehe ich auch eine Verwandtschaft: Wenn ich „gelöst" bin, dann bin ich frei oder befreit.

In diesem Sinne wünsche ich, dass die Lektüre Ihnen eine positive Stimmung und anhaltende Zufriedenheit vermittelt. Denn nur, wenn wir die verschiedenen Bereiche unseres Lebens im Auge haben, werden wir in den verschiedenen Situationen erkennen, was uns zu einer guten Laune verhilft und Freude schenkt.

Urs-Beat Fringeli

1.
Lebensfreude durch Selbsterkenntnis

„Wer andere kennt, ist klug.
Wer sich selber kennt, ist weise.“
LAOTSE

Überspringen Sie bitte dieses Kapitel nicht! Vielleicht haben Sie im Inhaltsverzeichnis gelesen, dass es im dritten Kapitel darum geht, wie man Lebensfreude im Alltag bewahren kann. Das könnte Sie in Versuchung führen, das Buch dort aufzuschlagen, weil Sie vielleicht denken: „Für mich ist das jetzt wichtig.“ Aber erst alle Kapitel bilden „ein tragfähiges Fundament“, das Ihnen dauerhafte gute Laune und damit Lebensfreude vermittelt. Ich hätte selbstverständlich auch mit dem Kapitel über den Alltag anfangen können, aber ich möchte der Reihe nach gehen. Fangen wir also bei uns an.

Sie fragen sich vielleicht, was Selbsterkenntnis mit Lebensfreude zu tun hat. Am Anfang ist die Selbsterkenntnis. Wer auf diese verzichtet oder diese ignoriert, wird niemals glücklich sein oder werden. Denn sie ist die Voraussetzung dafür, dass wir unsere Chancen und Grenzen wahrnehmen. Selbsterkenntnis können wir erlangen, wenn wir unser Selbstbild ermitteln, indem wir auf unser Selbstbild achten. Was meine ich damit? Unser Selbstbild ist die Summe unserer Prägungen, Erfahrungen, Verletzungen, Gewohnheiten und Arbeiten. Wer in jungen Jahren von anderen Menschen gefördert und bestärkt worden ist, hat eine gute Grundlage für ein positives Selbstbild erhalten. Er wird mit einem gesunden Selbstvertrauen durchs Leben gehen können. Wer in der Vergangenheit wenig Zuneigung erfahren hat, braucht nicht zu resignieren. Ich habe im Laufe meines Lebens schon viele Menschen beobachten können, die sich durch ihren Willen ein stärkeres Selbstvertrauen errungen haben. Wie geht das? Indem wir uns konsequent selber innerlich aufrichten und aufwerten und indem wir uns mit Menschen umgeben, die es gut mit uns meinen.

Sagen Sie sich täglich,
dass Sie es wert sind, geliebt zu werden.
Jeder von uns besitzt eine Würde,
die nicht an eine Leistung gebunden ist.

Verzichten Sie nicht darauf, sich in der Liebe des Universums wahrzunehmen. Denn keine Freundschaft kann diese Liebe letztlich ersetzen. Sagen Sie sich immer wieder, dass Sie geliebt werden. Wer sich nicht selbst liebt, der wird niemals wirklich glücklich sein können. Er gönnt sich nichts oder zu wenig, stellt zu oft seine Wünsche hintan. Vielleicht unterdrückt ein solcher Mensch sogar unbewusst seine Bedürfnisse. Ebenso wichtig ist aber die konkrete Liebe, die wir durch Freundschaften erfahren. Die besondere Beziehung zu einem Menschen schenkt uns Heil und Ganzwerdung. Und beide hängen ja miteinander zusammen. Der Mensch ist auf ein Du hin ausgerichtet. Der andere Mensch ergänzt ihn nicht nur, er fordert ihn heraus, deckt seine Schatten auf. Der Geliebte verhilft uns zur Selbsterkenntnis, weil er es gut mit uns meint. Indem er uns annimmt und bejaht, können wir uns öffnen, wagen wir den nächsten Schritt, entwickeln wir Mut. Die Liebe lässt uns immer wachsen, sie macht uns stark.

Liebe erfahren die Menschen, die trotz Enttäuschung offen bleiben. Menschen, die an die Liebe glauben. Wer einsam ist, muss vielleicht den ersten Schritt tun und sich in Geduld üben.

Und wer sich zu wenig traut, der ist vielleicht in der Kindheit oder in der Jugend verletzt worden. Er hat sich mehr oder weniger unbewusst auf „die Strategie des Rückzugs" geeinigt. Wer den inneren Menschen stärken will, muss herausfinden, welche Blockaden er in sich trägt: Wer oder was hat bewirkt, dass ich mir zu wenig zutraue? Dafür muss sich der Mensch Zeit nehmen, wenn er wirklich etwas ändern will in seinem Leben. Er kann z.B. seine Lebensgeschichte schreiben.

Wer bin ich?
Was will ich?
Was tut mir gut?
Wer sich diesen Fragen nicht stellt,
wird niemals Glück erfahren.

Dadurch erkennt er besser, wer oder was sich als Blockaden in seinem Leben eingeschlichen hat, denn oft „geistern Menschen in unseren Köpfen umher", die uns bewusst oder unbewusst geschadet haben. Sie belasten uns noch immer. Besser gesagt „geistern sie also in unserem Unterbewusstsein herum". Manchmal tauchen sie in unseren Träumen auf. Wir spüren: Da ist noch etwas, das ich noch nicht ganz verarbeitet habe. Wir geben ihnen, diesen „heimlichen Unterdrückern", noch immer zu viel Macht, wenn wir an sie denken. Wir können lernen, uns von ihnen zu befreien, indem wir sie loslassen.

Ich bin mir bewusst, dass dies in einigen Fällen nicht sofort gelingt. Es ist ein Prozess. Wir üben das Loslassen ein, indem wir uns bewusstmachen, dass sie uns besetzen, beherrschen. Glauben wir daran, dass wir trotz der schlechten Erfahrungen gut leben können. Stellen wir uns vor, dass diese Erfahrungen uns letztlich stark gemacht haben. Vielleicht kann hier der Einwand auftauchen: „Das ist leicht gesagt. Meine Verletzungen trage ich immer noch in mir." Und vielleicht ist es ja wahr, dass in gewissen Fällen nicht einmal die Zeit alle (seelischen) Wunden heilt, wie man so sagt. Aber dann müssen Menschen lernen, mit diesen Wunden zu leben. Viele andere Menschen haben auch mit Einschränkungen zu leben. Wer nicht mehr glaubt, dass er trotz diesen ein lebenswertes Dasein führen kann, der hat sich aufgegeben oder der gibt sich auf. Ich empfehle trotzdem, darauf zu vertrauen, dass die Wunden mit der Zeit vernarben werden. Im Zusammenhang mit Schmerzen und seelischen Wunden haben Studien unterschiedlicher Wissenschaftler herausgefunden, dass beim Weinen Substanzen wie Endorphine, Adrenocorticotropin, Prolaktin und Magnesium- und Kaliumsalze freigesetzt werden. Nach dem Weinen fühlen Menschen einen Zustand der Entspannung und des Friedens. So wirken Tränen wie ein Schmerzmittel, was den Schmerz reduziert.

Nicht die Art des Schicksals,
sondern die Weise, ihm zu begegnen,
entscheidet über das Lebensglück.
Erich Fromm

Wer oft verletzt worden ist, wird also entweder resignieren oder kämpfen, um sich zu behaupten. Nicht wenige Menschen sind das Opfer einer falschen Erziehung, weil man ihnen in der Kindheit und Jugend zu wenig zugetraut hat oder weil man sie nicht gefördert hat. Solche Menschen trauen sich unter Umständen zu wenig zu, es sei denn, sie beschließen, ein stärkeres Selbstvertrauen einzuüben. Dafür ist es nie zu spät! Ich kenne einen Menschen, der - von der Mutter - noch im Erwachsenenalter zu sehr geschont nie richtig Verantwortung übernehmen musste. Als dann die Mutter starb, konnte er seine Vernunft nicht nutzen, um kleinere und größere Entscheidungen zu treffen. Ich schreibe dies im Zusammenhang mit der Lebensfreude, weil die Voraussetzung für sie unsere Selbstständigkeit ist. Wer diese aufgibt oder aufgegeben hat, wird niemals mit Freude leben. Ist doch die Freiheit eines der stärksten Triebe im menschlichen Wesen. Lesen wir Biografien, die uns beeindrucken, dann geht die Faszination in vielen Fällen auf den Willen zurück, frei zu sein, die Freiheit zu erlangen.

Das Selbstbild ist die Basis für ein stärkeres Selbstvertrauen. Es muss realistisch sein. Es macht keinen Sinn, dass ich mir Fähigkeiten und Begabungen einrede, die nicht von der äußeren Welt bestätigt werden. Deshalb bin ich bei der Analyse meines Selbstbildes auf die Rückmeldungen anderer Menschen angewiesen. Ich muss die Demut aufbringen, diese Rückmeldungen anzunehmen, sie zu bedenken, sie im Herzen zu bewegen. Ich muss also von der Realität ausgehen, darf mich dieser nicht verschließen. Jeder Mensch hat auch Grenzen. Aber auch die anderen Menschen sind nicht einfach perfekt. Und sie müssen es auch nicht sein. Deshalb muss ich auch immer wieder in der Stille den Mut haben, mir selbst zu begegnen. Dann stelle ich mir die Fragen: „Was machen die Rückmeldungen mit mir? Lenken sie mich in eine gute Richtung?“

Wenn Sie etwas tun oder erreichen wollen,
dann werden Sie sich bewusst,
dass bereits der Wille ein Zeichen dafür ist,
dass Sie es einmal schaffen.

Halten Sie an Ihrer Absicht fest, auch wenn zurzeit scheinbar keine Möglichkeit besteht, das gewünschte Ziel zu erreichen.

Nehmen Sie sich einmal genügend Zeit,
Ihre Prägungen zu untersuchen:
Wer oder was hat mich wann verletzt?
Wer oder was hat mich wann und wie gefördert?

Oft sind es Verletzungen, die uns davon abhalten, den ersten Schritt zu tun. Wir verpassen so eine Chance, trauen uns den besseren Job nicht zu, gehen an der großen Liebe vorbei, weil wir uns nicht würdig genug erachten. Dabei geraten Menschen in einen Teufelskreis. Verunsicherungen können dazu führen, dass sie von anderen Menschen gemieden werden.

Wenn wir uns selber zu wenig zutrauen,
trauen uns andere bald auch wenig zu.
Sie nehmen unsere Signale auf.

Ich bin überzeugt, dass wir durch bewusstes Arbeiten an uns unser Selbstbild ändern und damit unser Selbstvertrauen stärken können. Dabei soll sich der Mensch immer wieder auf seine starken Seiten konzentrieren. Er soll sich daran erinnern, was er erreicht und geleistet hat. Welche positiven Rückmeldungen habe ich erhalten? Ich brauche dabei die negativen Rückmeldungen nicht zu verdrängen. Durch sie konnte oder kann ich lernen. Aber es macht absolut keinen Sinn, diese in den Vordergrund zu stellen. Sie lähmen höchstens und bewirken, dass ich mich nicht mehr getraue, etwas Neues zu wagen, meine Fähigkeiten einzusetzen. Ich bleibe stehen.

Angst blockiert mich.
Ich mache mir bewusst,
dass die Angst mich hindert,
etwas Neues zu wagen.

Wer nicht lernt, mit der Angst des Scheiterns umzugehen, der vermag seine Rolle nicht zu verbessern. Denn bis zu einem gewissen Grad gehört halt auch der Erfolg dazu. Und in einigen Fällen ist das Scheitern die Kehrseite des Erfolgs. Es gibt eindrückliche Beispiele von Menschen, die gescheitert sind, dann aber letztlich doch wieder Erfolg gehabt haben! Somit haben sie zu der guten Laune zurückgefunden. Konzentrieren wir uns also darauf, dass wir es bis jetzt immer geschafft haben. Wer von uns bleibt am Boden liegen, wenn er einmal hingefallen ist? Stehen wir also auch innerlich immer wieder auf, indem wir uns bei einem Misserfolg freundlich zulächeln. Sagen wir uns: „Naja, das war nicht mein Tag, das war jetzt nicht meine Bestleistung." Haben wir Geduld mit uns. Lassen wir uns Zeit, aber bleiben wir nie stehen.

Neben der Angst gibt es auch noch ein anderes Gefühl, das Menschen davon abhält, ihr Potential zu nutzen. Es ist die Konditionierung, dass wir glauben, wir hätten kein Anrecht auf eine gewisse Lebensform. Ich denke da an Menschen, die sich unbewusst nicht zutrauen, eine bestimmte Position einzunehmen. Vielleicht gab es bei solchen Menschen in der

Kindheit und in der Jugend einen älteren Bruder, der mehr Beachtung bekam und mehr gefördert wurde. Mehr und mehr haben sie sich in ihre Rolle drängen lassen, in den Hintergrund, in die Position des weniger beachteten Menschen. Sie haben sich angewöhnt, dass der Bruder besser ist als sie. Sie haben ihn selber erhöht. Fragen Sie sich, ob der andere Mensch oder andere Menschen wirklich besser sind oder ob sie einfach andere Fähigkeiten haben. Ich kann hier ein ganz konkretes Beispiel aus dem Leben anfügen: Von drei Söhnen hatte einer sehr gute Bedingungen, sich auf das selbstständige und berufliche Leben vorzubereiten, der zweite ziemlich gute und der dritte weniger gute. Derjenige, der am meisten kämpfen musste, hat es am weitesten gebracht. Er ist heute glücklich. Derjenige, der die besten Startbedingungen hatte, ist irgendwann abgestürzt und hat sich gehen lassen. Vielleicht hat man ihn auch überschätzt. Dies hat in ihm ein zu hohes Selbstbild eingeprägt. Irgendwann war er überfordert. Derjenige, der weniger beachtet worden ist, hat sich diese Beachtung erobert. Hier finden wir eine Bestätigung für das Zitat von Erich Fromm, das ich weiter oben angeführt habe: Entscheidend ist, was wir aus unserem Leben machen!

Konzentrieren Sie sich auf Ihre starken Seiten.

Ich möchte Sie hier keinesfalls anstiften, sich selbst zu überschätzen. Was Sie (erreichen) können, hängt bis zu einem hohen Grad davon habe, was Sie tun. Der längste Weg beginnt bekanntlich mit dem ersten Schritt. Lassen Sie sich also möglichst oft herausfordern. Nehmen Sie Rückschläge in Kauf. Dadurch sammeln Sie Erfahrungen, die wie Bausteine sind.

Und noch etwa: Nicht selten übernehmen wir Fremdbilder, also die Bilder, die sich andere über uns machen. Wir spüren oft ziemlich genau, was der andere über uns denkt, auch wenn er es gar nicht laut ausspricht. Die Meinung des anderen über uns kann uns verunsichern. Deshalb ist es so wichtig, dass wir uns Menschen aussuchen, die unseren Wert erkennen und schätzen. Ich selber war auch schon in der Situation, in der ein Berufskollege meine Fähigkeiten nicht gesehen oder übersehen hat. Er hat nur sich gesehen. Wäre er dann nicht gegangen, hätte ich wohl die Stelle gewechselt. Nicht, weil ich zu müde oder feige für den Kampf war, sondern weil mir meine Energie dafür zu schade gewesen wäre. Trotzdem konnte ich recht gut arbeiten, weil ich mir konsequent klargemacht habe, dass sein Bild von mir sein Problem ist.

Manchmal müssen wir auch unseren inneren Kritiker zähmen. Das gelingt am besten mit Humor und Gelassenheit. Wenn ich einmal etwas nicht gut getan habe, habe ich mir selber vergeben. In solchen Momenten sollten wir wieder einmal daran denken, dass wir uns nicht nur über die Leistung definieren. Zudem hilft es, wenn wir eine Prioritätenliste erstellen: Was muss ich wirklich tun? Was kann warten?

Lassen wir uns schließlich auch nicht von den Erwartungen anderer versklaven. Mein Vater war z.B. ein großzügiger Mensch. Es gab aber auch einen Punkt, an dem er gesagt hat: „Der Pestalozzi ist gestorben." Johann Heinrich Pestalozzi war ein Sozialreformer. Wie viel mein Vater genau über ihn wusste, habe ich leider nie erfahren. Aber offenbar war dieser Mensch für ihn Inbegriff einer selbstlosen Natur, die das Wohl der Menschen über das eigene stellte. Mit diesem Spruch hat mich der Vater gelehrt, im richtigen Moment „nein" zu sagen. Auch in der Erziehung müssen wir keine Perfektionisten sein.

Wir müssen uns weder kasteien noch völlig überfordern, sondern wir dürfen zu unseren Grenzen stehen.

Längerfristig zahlt es sich aus, wenn wir authentisch sind, anderen Menschen nichts vormachen, indem wir uns verstellen, um ihnen zu gefallen. Tun wir Letzteres, dann fühlen wir uns immer unwohler in unserer Haut. Sicher, man kann in ein Amt oder in eine Aufgabe hineinwachsen, aber „das Herz muss mitkommen", das gute Gefühl muss dabei sein, sonst verlieren wir bald die Lebensfreude und schaden uns selber.

Weiter oben habe ich die Verletzungen angesprochen, die uns zugefügt worden sind. Es gibt kaum ein Menschenleben ohne Verletzungen. Oft bleiben Menschen in den Rollen, die man für sie vorgesehen hat. Interessanterweise sind es nicht selten sensible Naturen, die in Opferrollen gedrängt werden. Menschen spüren, dass diese sich nicht oder weniger wehren. Man kann an ihnen, wie man so sagt, „die Schuhe abputzen". Oder es sind Menschen, die mit hohen ethischen Grundsätzen leben, indem sie nicht einfach zurückschlagen. Eine solche Gesinnung strahlen wir unbewusst aus. Andere Menschen nehmen solche Signale wahr. Von den sensiblen oder wehrlosen Menschen braucht man sich nicht zu fürchten. Durch eine Analyse unseres Verhaltens, durch Beobachtungen unserer Reaktionen und unserer Gesinnung können wir uns bis zu einem gewissen Grad aus der Opferrolle befreien. Wir müssen uns klarmachen, dass wir uns nicht alles gefallen lassen müssen. Im Gegenteil: Wir lassen es zu, dass andere Menschen schuldig werden, wenn wir ihnen überhaupt keinen Widerstand leisten.

Deshalb brauchen wir auch einen Rückzugsort. Wir sollen uns darin nicht verschanzen, sondern die Möglichkeit des

Auftankens haben. An diesem Ort lassen wir die Menschen draußen, die uns belasten. Sie haben also keinen Zutritt. Der österreichische Dichter Ernst Ferstl hat einmal geschrieben:

„In der heutigen Zeit können sogar Menschen,
die unter einem Dach leben,
Welten voneinander getrennt sein."

Um Lebensfreude zu haben und zu behalten, sollten wir auch spüren, welche Nähe und Distanz zu anderen Menschen uns guttun. Bin ich gerne allein? Welche Nähe zu einem Menschen oder zu anderen Menschen tut mir gut? In gewissen Fällen kann eine zu enge Nähe eine Beziehung zerstören. Der andere Mensch ist nicht für mein Glück verantwortlich; er kann dazu höchstens einen Beitrag leisten. Mit diesem ist vor allem die Liebe gemeint, die wir teilen. Bekanntlich kann man diese nicht einfordern. So gesehen ist ein gelungenes Zusammenleben ein Geschenk. Wir haben die größte Chance, dieses Geschenk zu behalten, wenn wir dankbar bleiben und immer wieder etwas in die Beziehung investieren.

Habe ich eben geschrieben: „Der andere Mensch ist nicht für mein Glück verantwortlich"? Dann muss ich auch schreiben: Ich bin für meine Freuden und für mein Leiden selber verantwortlich. Erwarte ich vom Leben, dass es mich glücklich macht? Delegiere ich diese Verantwortung, dann bin ich nicht frei.

Lebensfreude durch Selbsterkenntnis? Wer sich selbst kennt, der kann sich annehmen und achten. Er kennt seine Grenzen. Er muss sich nicht selber bemitleiden, das wäre eher eine Schwäche. Wir fühlen uns wohl im Zusammensein mit authentischen Menschen. Dabei vergessen wir vielleicht manchmal, dass diese sich mit ihrer Art zu leben nicht nur Freunde machen. Der Neid taucht immer wieder auf. Gerade ängstliche Menschen, die sich gern korrekt verhalten und sich dem System so gut es geht anpassen, um nicht aufzufallen, können die authentischen Menschen als Gefahr sehen. Oder es ist der Neid in ihnen, der bewirkt, dass sie solche Menschen ablehnen. Aber: Wer authentisch lebt, der lebt im Einklang mit sich und der Welt. Ein Mensch mit einem stabilen Selbstvertrauen muss die Mitwelt weder beständig bekämpfen noch sich immer und überall anpassen. Die Gesellschaft prägt uns, die anderen Menschen beeinflussen uns, die Zeit, in der wir leben, hinterlässt in unserer Seele und vielleicht auch im Körper Spuren, gute und kranke. Deshalb ist es wichtig, dass wir uns diesen Prägungen und Beeinflussungen stellen. Fragen wir uns, was uns guttut. Fragen wir, was wir davon behalten, was wir loslassen wollen. Der Mensch darf sich selber lieben. Ja, er soll sich unbedingt achten. Er soll sich bewusstmachen, dass er so sein darf, wie er ist. (Dies ist überhaupt die Grundlage für eine Veränderung.) Neben seinem schauspielerischen Talent hat Charlie Chaplin der Nachwelt auch einige Weisheiten hinterlassen. Eine davon soll dieses erste Kapitel abschließen:

„Als ich mich selbst zu lieben begann,
habe ich verstanden, dass ich immer
und bei jeder Gelegenheit
zur richtigen Zeit am richtigen Ort bin
und dass alles, was geschieht,
richtig ist –
von da an konnte ich ruhig sein."

2.
Lebensfreude durch innere Ruhe

Kann der Mensch in Stresssituationen seine Lebensfreude behalten? Sie werden denken: „Das geht nicht." Oder: „Ich nehme meine Gefühle ernst. Wenn ich im Stress bin, kann ich gar keine gute Laune, keine Lebensfreude haben!" Doch, können Sie!

Wann ist der Mensch eigentlich „im Stress"? Dann, wenn er zu wenig aufmerksam ist, wenn er zu wenig entspannt ist, wenn er nicht bei sich selbst sein kann. Es fehlt ihm dann die innere Ruhe. Die „Welt ist dann gleichsam schneller als er", seine Seele kommt nicht mehr mit, wird überfahren. Oft ist dies eben der Grund, weil er in der vorausgegangenen Zeit zu wenig bei sich selbst war. Es stehen ihm dann zu wenige Kräfte zur Verfügung. Oder er hat sich ungenügend auf die Forderungen eingestellt. Dann gibt es aber auch unvorhergesehene Aufgaben, die uns ohne Vorwarnung treffen, das gebe ich hier gerne zu. In gewissen Fällen, z.B. am Arbeitsplatz gibt es Druck. Der Mensch muss innerhalb kurzer Zeit mehr leisten. Das muss aber begrenzt sein, es muss entsprechend honoriert werden. Ist dies nicht der Fall, dann wird der Mensch missbraucht. Sie denken: Ja, aber dann werde ich ausgetauscht. Nein, wenn Sie alles geben, es dem Chef aber nicht genügt, dann sind Sie überfordert. Sind Sie aber ständig überfordert, dann rate ich Ihnen, etwas zu ändern, bevor es zur Katastrophe kommt. Wenn Sie jetzt denken, ich würde es mir zu einfach machen, dann beachten Sie: Wenn Sie längere Zeit Ihrer Gesundheit schaden, nutzt Ihnen bald der bestbezahlte Job nichts mehr. Zudem konnte ich mich in verschiedenen Unternehmen umsehen, darf also aus Erfahrung sagen: Für die meisten Geschäftsleitungen ist es heute klar, dass ein Klima der Angst nicht förderlich für das Zusammenarbeiten und für die Leistung der Mitarbeitenden ist. Dasselbe könnte man über den hohen Druck sagen, den Vorgesetzte ausüben. Jeder vernünftige Mensch wird sich irgendwann nach einer Alternative umsehen. Das Einarbeiten neuer Mitarbeiter ist für die Firmenleitung nicht interessant, kostet sie Zeit und Geld. Doch bleiben wir hier zunächst bei den weniger dramatischen Situationen.

Viele Menschen bewegen sich in unserer Zeit
nur noch in der äußeren Welt.
Sie haben ihre Innenwelt vergessen.

Wenn wir genauer hinsehen, machen wir uns den Stress oft selber. Wir müssen also früher anfangen, so planen, dass wir gar nicht erst in Stress kommen. Wer ehrlich ist, der wird zugeben, dass dies in sehr vielen Fällen möglich ist. Es gibt aber noch einen anderen Grund, weshalb wir uns trotz guter Planung manchmal im „Stress fühlen". An einem bestimmten Abend habe ich mir einmal überlegt, warum ich am vergangenen Tag im Stress war. Ich habe meine Arbeiten geplant, hätte gar keinen Grund gehabt, mich gestresst zu fühlen. Aber ich habe an diesem Tag etwas vernachlässigt: meine Meditationszeit.

Nichts, aber auch gar nichts
darf mich von einer Zeit der Stille abhalten.
Pro Tag braucht der Mensch
mindestens eine halbe Stunde,
in der er ganz bei sich ist.

Wenn Sie dies nicht wollen, wenn Ihnen dies nicht gelingt, weil Sie denken, dass es nicht möglich ist, dann brauchen Sie dieses Buch nicht weiter zu lesen. Denn der ganze Inhalt wird Ihnen nicht geben können, was diese halbe Stunde Ihnen geben kann! Wenn Sie sich aber auf diese Stille-Zeit einlassen, dann werden Sie bald erfahren, dass Stress-Zeiten ausbleiben. Diese werden eben durch die Stille-Zeiten ersetzt. Sie entkrampfen sich so im Alltag und lassen los, was nicht wichtig ist. Warum ist das so? Weil die Zeit, in der Sie die Gedanken des Alltags loslassen, Ihnen Vertrauen und Geborgenheit schenken. Automatisch werden Sie dann im Leben standhaft bleiben und mit mehr Ausdauer die Aufgaben bewältigen. Der Autor Michael Ende hat einmal in einem Buch treffend beschrieben, wie man eine große Aufgabe bewältigt. Er hat dies am Beispiel eines Straßenfegers getan. Dieser hat gesagt: „Man darf nie die ganze Straße sehen, man soll immer nur den Teil sehen, den man wischt." So geht es. Das Starren auf den ganzen Tag mit vielen Terminen und Verpflichtungen kann uns erdrücken. Teilen wir den Tag ein.

Jesus Christus, Buddha und andere Meister haben Millionen Menschen einen Weg gebahnt, indem sie konsequent an Zeiten der Stille festgehalten haben. Das haben ebenso viele andere Meister vorgelebt. Die Zeiten der Stille schenken Gelassenheit.

Ja, spirituelle Meisterschaft bedeutet:
Die Erlösung und damit das Glück
oder die Seligkeit liegen jenseits des Verstehens.
Erleuchtung,
die Glück und Seligkeit zusammenfasst,
ist das Leben im Augenblick,
die Erfahrung der Freude.

Nun sind wir noch nicht im Nirwana, als Menschen sind wir Körperwesen. Deshalb ist es besonders wichtig, auf die Signale des Körpers zu achten. Man spricht auch von „Biofeedback". Unsere Natur, genauer unser Körper, gibt uns ziemlich genaue Rückmeldungen. Wenn es dem Körper nicht gutgeht, geht es auch der Seele nicht gut. Dann können wir nicht mit guter Laune leben. Hier ist auch das Bauchgefühl zu nennen. Wenn wir vor oder bei einer Sache oder vor einer Entscheidung ein ungutes Gefühl haben, lohnt es sich, die Sache genau zu analysieren.

Wir leben gesund, wenn wir unseren Leib achten und ihm Beachtung schenken. Dazu gehört unsere Lebendigkeit. Die Bewegung ist die Ergänzung des Sitzens in der Stille.

Laufen, einfach laufen, im eigenen Tempo, so, wie es für Sie stimmt und es Ihnen guttut. Die Luft einatmen, nicht denken, Wolken, Bäume, Wiesen, Fluss, den Boden über sich, um sich, neben sich, unter sich spüren. Oft laufen die Probleme mit, z. B. eine Situation, die schwierig ist. Oder eine Person, die uns geärgert hat oder ärgert. Dann können wir gehen. Gehen geht immer!

Wenn scheinbar nichts mehr geht,
dann gehen Sie.
Gehen geht immer!

Vor ein paar Stunden hat es geregnet. Die Luft ist wie gereinigt. Gehen Sie, lassen Sie die Gedanken los. Mit jeder Minute geht es Ihnen besser. Schwere Gedanken fallen ab. *Sind das die sogenannten Glückshormone, die nun ausgeschüttet werden? Wie auch immer, es macht Spaß!* Auf dem Heimweg sehen Sie plötzlich Dinge, die Sie sonst kaum beachtet hätten. Sie freuen sich auf eine Dusche. Kaum ist dann die Temperatur des Wassers richtig eingestellt, erinnern Sie sich, dass Sie loslassen sollen: *Loslassen, loslassen, loslassen! Das Wasser spült alles Schwere an und in Ihnen zusätzlich und endgültig ab.*

Wenn im Alltag die Dusche fehlt,
gibt es eine kleine Übung:
Ziehen Sie sich für ein paar Minuten zurück.
Wenn es gar keine andere Möglichkeit gibt,
gehen Sie aufs Klo.
Dort legen Sie Ihre Hand aufs Herz
und spüren Ihre Herzschläge.

Warum diese Übung? Weil Sie daran erinnert werden, dass das Schlagen des Herzens Sie leben lässt. Ihr Leben ist ein Geschenk. Und, was noch wichtiger ist: Bleiben Sie im Takt, überfordern Sie sich nicht. Denken Sie an Ihr Herz. Es erträgt viel. Aber es will geachtet werden. Wenn Sie nicht oder nicht mehr auf Ihr Herz hören, dann sind Sie daran, Ihr Leben zu zerstören.

Wenn wir überhaupt nicht mehr bei uns selber sein können, dann können wir auch nicht mehr in der Welt sein. Burnout geht auch auf die Überschätzung von Menschen zurück. Sie haben nicht mehr auf die Signale des Körpers geachtet. Der Körper gibt uns, wie gesagt, Rückmeldungen. Doch manchmal müssen wir genau hinhören: Ein ungutes Gefühl müssen wir ernst nehmen. Und wir dürfen, nein, wir sollen zu unseren Grenzen stehen. Eine Krankheit zum Beispiel ist immer eine Botschaft. Wenn wir sie einfach nur mit starken Medikamenten unterdrücken, stehen wir in Gefahr, diese Botschaft zu überhören. Es geht nicht darum die Errungenschaften der Medizin oder der Chemie in Frage zu stellen, sondern die tiefere Ursache der Krankheit zu verstehen. Diese hängt immer mit einem gestörten Gleichgewicht zusammen. Und immer geht es letztlich um die Selbst- und um die Fremd-Liebe. Es sollte uns zu denken geben, dass es schon des Öfteren nachgewiesen worden ist, wie geliebte Menschen weniger schnell krank werden. Es genügt, sich schon daran zu erinnern, wie gut es uns tat, wenn uns die Mutter gepflegt, Tee gebracht, die Hand aufgelegt hat. Liebe heilt. Wenn wir keine Zeit für die Liebe mehr haben, dann sind wir in Gefahr, das Leben zu verlieren. Das Herz steht für die Liebe. Und wenn wir Perfektionisten sind, alles allen um jeden Preis recht machen wollen, dann sind wir ebenso gefährdet. Treffend hat J. W. von Goethe deshalb einmal geschrieben:

„Wer nicht mehr liebt
und nicht mehr irrt,
der lasse sich begraben."

Neben der Liebe gibt es ein für unsere Zeit wichtiges Gefühl, das Schäden unserer Seele ausgleicht, das uns in eine gesunde Harmonie bringt: die innere Ruhe.

Vielleicht ist die innere Ruhe in unserer lauten und hektischen Welt der heilsame Gegenpol. Optimal ist es, wenn wir auch einen äußeren ruhigen Ort haben, wo wir die innere Ruhe durch die Kraft der Meditation einüben können. (Sogar in den Großstädten gibt es ruhige Orte, z.B. Parkanlagen oder Kirchen.) Meditieren ist nicht schwer. Die große Herausforderung dabei ist, die Stille zu ertragen, die innere Ruhe zu bewahren. Dabei geht es immer darum, negative Gedanken loszulassen und die Empfindung der inneren Ruhe zu erlangen. Sie brauchen dazu eigentlich nur das Wort „Ruhe". Sie können es in verschiedenen Variationen erleben, indem Sie in Gedanken wiederholen:

„Ich bin ruhig."
„Ich trage Ruhe in mir."
„Ich fühle die Ruhe in mir."
„Ruhe"

Entscheiden Sie sich für eine oder zwei Aussage(n). Oder wechseln Sie ab. Versuchen Sie, mit der Zeit die Aussage loszulassen, die Empfindung der sich ausbreitenden Ruhe in sich zu spüren. Bleiben Sie, so lang es geht, in dieser inneren Befindlichkeit.

Die Zeiten der Meditation bedingen natürlich auch eine entsprechende Lebensführung. Wer von Termin zu Termin, von Eindruck zu Eindruck eilt, der zerstört damit die Wirkung der Meditation. Eine geplante, bewusste und harmonische Lebensführung dagegen verstärkt ihre Wirkung. Gerade das regelmäßige Meditieren bewirkt, dass der Mensch sich darum bemüht, sich nicht zu verzetteln. Er richtet sich seinen Tag so ein, dass er genügend Zeit hat, die verschiedenen Aufträge zu erledigen. Das ist eine Frucht der Meditation.

Menschen fühlen sich „himmlisch", wenn sie gute Laune haben, wenn sie Freude erfahren. Mit „himmlisch" ist also der Zustand des Wohlseins, des Glücks gemeint. Es klingt aber auch das Wesen an, das sich unabhängig von dieser Welt erkennt: unser ewiger und unzerstörbarer Wesenskern. In der Stille und durch die innere Ruhe erfassen wir ihn immer deutlicher. Auch dies ist Selbsterkenntnis, die ich im ersten Kapitel genannt habe: wenn der Mensch um sein ewiges Wesen weiß. Schließlich schärft die Meditation auch unsere Wahrnehmung der Welt. Wir leeren uns, um die Mitwelt in ihrer Fülle und Vielseitigkeit zu sehen. Wir lernen, sie als Gleichnis für eine unvergängliche Welt zu sehen. Die Erkenntnis unseres wahren Wesens, die Erkenntnis der offenbaren und verborgenen Welten werden in einer einfachen Geschichte zusammengefasst:

Eines Tages kamen zu einem einsamen Mönch einige Menschen. Sie fragten ihn: „Was für einen Sinn siehst du in deinem Leben der Stille und Meditation?" Der Mönch war mit dem Schöpfen von Wasser aus einem tiefen Brunnen beschäftigt. Er sprach zu seinen Besuchern: „Schaut in den Brunnen. Was seht ihr?" Die Leute blickten in den tiefen Brunnen: „Wir sehen nichts!" Nach einer kurzen Weile forderte der Mönch die Leute erneut auf: „Schaut in den Brunnen! Was seht ihr jetzt?" Die Leute blickten wieder hinunter: „Ja, jetzt sehen wir uns selber!" Der Mönch sprach: „Nun, als ich vorhin Wasser schöpfte, war das Wasser unruhig. Jetzt ist das Wasser ruhig. Das ist die Erfahrung der Stille und der Meditation: Man sieht sich selber! Und nun wartet noch eine Weile."

Nach einer Weile sagte der Mönch erneut: „Schaut jetzt in den Brunnen. Was seht ihr?" Die Menschen schauten hinunter: „Nun sehen wir auf den Grund des Brunnens." Da erklärte der Mönch: „Das ist die Erfahrung der Stille und der Meditation: „Du siehst den Himmel. Du siehst dich selbst. Du siehst den Grund der Welt."

Zum Schluss dieses Kapitels möchte ich noch auf eine Möglichkeit hinweisen, die Sie gut im Alltag anwenden können. Sollte in Ihnen trotz guter Planung und konsequenter Meditation Wut auftauchen, weil eine unerwartete Situation (Stresspunkt) Sie aus der Fassung bringt, dann kämpfen Sie nicht dagegen an. Die andere Möglichkeit wäre die Flucht, aber die ist selten gut. Lächeln Sie dem Stresspunkt entgegen. Behandeln Sie ihn wie ein Kind, das Sie herausfordern will. Schenken Sie ihm Liebe, nicht Hass. Zugegeben, das braucht einige Übung. Aber wenn wir innerlich wach bleiben, gelingt es uns mit der Zeit, die Stresspunkte so zu integrieren: tief durchatmen, lächeln, die Herausforderung annehmen. Sagen Sie sich dann: „Nun bin ich aber gespannt, was passiert! Bis heute habe ich überlebt, auch du, kleiner Zwerg, kannst mich nicht runterkriegen!"

Gelingt es Ihnen auch nicht immer, es wird Ihnen immer besser gelingen, wenn sie daran glauben, wenn Sie es immer wieder versuchen. Dann dürfen Sie sich freuen! Belohnen Sie sich, wenn es Ihnen gelungen ist, den „Zwerg in die Wüste zu schicken"! Das steigert Ihre Lebensfreude.

Beobachte ich Menschen, die eine innere Ruhe ausstrahlen, dann sind es Typen, die nicht launisch sind. Ihre Laune ist gleichbleibend gut. Wenn ich mit ihnen spreche, mir ihr Umfeld genauer ansehe, dann erfahre ich, dass sie ein überdurchschnittliches Vertrauen in ihre Mitwelt haben. Sie stellen nicht alles in Frage. Sie nehmen die Menschen, wie sie sind - mit ihren Ecken und Kanten. Von solchen Menschen können wir also lernen, mit guter Laune zu leben. Wie oft bewerten wir Menschen, pressen sie in ein Schema, in unser Schema. Wir meinen, sie sollen so sein, wie wir es uns vorstellen. Wie grau und eintönig wäre das! Konrad Adenauer hat einmal gesagt: „Wenn zwei Menschen immer die gleiche Meinung haben, taugen beide nichts." Das Leben ist eine Herausforderung. Rechnen Sie damit! Lassen Sie sich bereichern! Sehen Sie die andere Meinung als Chance, sich zu entwickeln, sich zu finden, sich zu entfalten! Der andere Mensch spiegelt nicht selten Ihren Schatten. Zudem ermöglicht er Ihnen Menschenkenntnis.

3.
Lebensfreude im Alltag bewahren

Nehmen wir an, Sie hätten einen „normalen Arbeitstag“ vor sich. Sie können ungefähr abschätzen, was Sie an diesem Tag erwartet. Wenn Sie weder ein Künstler noch Ihr eigener Chef sind, dann kann der Tag unter Umständen ein Tag wie jeder andere sein. Wenn ich dann schreibe: „Gib diesem Tag die Chance, der schönste Tag deines Lebens zu werden“, dann können Sie denken: „Naja, am Abend gehe ich in die Kneipe und dort treffe ich vielleicht auf die Traumfrau meines Lebens“, oder, wenn Sie eine Frau sind: auf den Traumprinzen.

Doch vielleicht sind Sie einfach müde, mögen gar nicht mehr ausgehen. Dann werden Sie denken: „Mit diesem Spruch ist mir nicht wirklich geholfen.“ Aber was können wir dann tun, um im Alltag unsere Lebensfreude zu bewahren? Es klingt einfach, aber es gibt wohl keine Alternative: „Packen wir den Stier bei den Hörnern“, indem wir uns mit Gelassenheit auf den Tag einlassen. Dies gelingt, wenn wir vermeiden, uns über die Aufgaben zu ärgern, weil wir glauben, dass sie langweilig oder eintönig sind. Selbst wenn sie dies sind, ändern entsprechende Gedanken rein gar nichts. Sie beschweren uns nur. Jede einfache Tätigkeit hat einen Sinn im Weltganzen. Es kommt auf unsere Einstellung an. Ich kann dies mit konkreten Erfahrungen belegen.

Wenn wir eine Aufgabe als langweilig ansehen,
sind wir nicht bei uns,
sind wir auch nicht bei dem, was wir tun.

In meiner früheren Tätigkeit bin ich Menschen begegnet, die im Betrieb einfache und immer wiederkehrende Aufgaben auszuführen hatten. Darunter gab es Menschen, die mich (damals noch ein sehr junger Erwachsener) tief beeindruckt haben, weil sie eben nicht beständig innerlich den Wert ihrer Arbeit in Zweifel gezogen haben. Sie waren ganz einfach bei dem, was sie taten. Und das, was sie taten, machten sie richtig und gut. So haben sie eine scheinbar einfache Arbeit aufgewertet. Damit haben sie sich selber aufgewertet. Die Rückmeldungen, die sie für ihr Verhalten erhalten haben, haben sie glücklich gemacht. Man fühlte sich wohl in ihrer Nähe, das haben sie gespürt. So konnten sie ihre Aufgaben mit Freuden ausführen.

Wer sich zu groß fühlt,
um kleine Aufgaben zu erfüllen,
ist zu klein,
um mit großen Aufgaben beauftragt zu werden.

Ja, Verbindlichkeit und Treue zahlen sich aus. Kürzlich las ich in einer Zeitschrift einen Artikel eines Weltreisenden, der sich in nicht gerade schöner Sprache über seine – wie er meinte – missliche Lage beklagt hat. Er sei jahrelang durch die Welt gereist und habe dabei viel gesehen. Nun, zurück in unserem modernen Land, wolle keiner sein Erfahrungspotential nutzen. Er sei arbeitslos. Es kann ja sein, dass er bis zu einem gewissen Grad das Opfer einer zu sehr organisierten Gesellschaft mit Fachleuten ist. Aber ihn nur als Opfer zu sehen, wäre wohl doch einseitig, denn wer in unserem Land aufgewachsen ist, weiß um deren Mentalität und Anforderungen, welche das Berufsleben in der modernen Welt stellt. Ich kenne diesen Menschen nicht, möchte seine Sicht auch nicht bewerten. Wenn er Glück hat, findet er vielleicht in einem Reisebüro eine Anstellung. Dann müsste er aber ein Naturtalent sein, was das „Verkaufen von Reisen" anbetrifft. Oder er müsste sich einer entsprechenden Ausbildung unterziehen.

Wut, die wir spüren, kann ein Anzeichen dafür sein, dass wir unsere eigenen Defizite nicht oder zu wenig erkennen. Der Mann war wohl bis zu einem gewissen Grad unbewusst auf sich selber wütend. Er hat sicher gespürt, dass man mit Reisen allein keine gute Grundlage für einen guten Beruf hat. Wenn das so einfach wäre, dann würde es wohl nicht gut um unsere Wirtschaft stehen. Diese floriert, weil unzählige Menschen täglich an ihren Arbeitsstellen eine Leistung erbringen, und weil sie eine seriöse Ausbildung absolviert haben.

Ein positiver Nebeneffekt
eines treuen und verbindlichen Einsatzes
an der Arbeitsstelle:
Der Job ist ziemlich sicher
und man erhält ein geregeltes Einkommen:
Denn welcher Chef trennt sich
von einem tüchtigen, kompetenten und treuen Mitarbeiter?

Vielleicht müsste ich hinzufügen: „wenn er nicht unbedingt muss". Es gibt leider auf Erden keine absolute Sicherheit. Aber wer mit Vertrauen durchs Leben gehen kann, der wird mit dieser relativen Sicherheit trotzdem gut umgehen und glücklich leben können. Aus diesem Grund gibt es in diesem Buch auch ein Kapitel, das „Lebensfreude durch Vertrauen" heißt. Die Arbeit ermöglicht Kontakte und schenkt Befriedigung. Zudem befriedigt sie das menschliche Bedürfnis nach Sicherheit und Anerkennung.

Mit guter Laune werden Sie auch einen „normalen" Arbeitstag verbringen, wenn Sie ihn mit der richtigen Einstellung beginnen. Am Morgen überlege ich mir, wofür ich dankbar bin: Ich lebe als freier Mensch in einem sicheren Land. Ich habe viele Möglichkeiten, meine Freizeit sinnvoll zu gestalten. Es geht mir gut. Wenn ich daran denke, wie Menschen in anderen Ländern unterdrückt, verfolgt und schikaniert werden, dann schätze ich dieses Privileg. Ist das nicht ein Grund zur Dankbarkeit?

„Alles schön und recht", sagen Sie jetzt vielleicht. Und: „Der Autor will mich also davon überzeugen, dass ich halt schuften muss, um dann vielleicht einmal später Lebensfreude zu erfahren, falls ich dann noch lebe."

Nein! Kaufen Sie sich nach einem langen Arbeitstag einen Champagner, lassen Sie ein köstliches Eis auf der Zunge zergehen, genießen Sie ein Bad… oder…. oder…

Wer arbeitet, soll auch leben! Gönnen Sie sich etwas! Wenn Sie das nicht tun, fühlen Sie sich bald betrogen. Sie gehen nämlich nicht arbeiten, um anderen Menschen einen dauerhaften Urlaub zu ermöglichen.

Der spanische Kulturphilosoph Ortega y Gasset ist wie andere Denker auch zum Schluss gekommen, dass der Mensch in Wirklichkeit nicht des Geldes wegen arbeitet. Das Lebensnotwendige, das er durch den Lohn erhält, reicht ihm nicht aus. Ich verzichte hier, seine Überlegungen anzuführen. Wer sich dafür interessiert, wird via Internet oder Bücher seine ausführliche Begründung finden. Doch festhalten will ich hier noch:

Wer alles nur wegen des Geldes tut,
der tut bald alles fürs Geld.

Man kann gerade mit viel Geld das gute Leben verpassen, wenn man von dem Vermögen beherrscht wird. Die Gedanken an das Geld gehören mit Sicherheit nicht zu jenen, die uns wahres Glück und Freude schenken. Ich gebe ja gern zu, dass ein Vermögen eine gewisse Sicherheit bedeuten kann. Auch kann man mit Geld bis zu einem gewissen Grad eine höhere Lebensqualität erlangen. Aber nur dann, wenn man das Geld richtig einsetzt. Wenn Sie Lebensfreude haben, dann leisten Sie sich etwas mit Ihrem Geld. So kann sich die Lebensfreude unter Umständen noch vergrößern. Gönnen Sie sich nichts, dann können Sie auch keine gute Laune haben. Dann haben Sie höchstens Angst, Ihr Geld einmal zu verlieren. Henry Ford soll einmal gesagt haben:

„Sparsamkeit ist die Lieblingsregel aller
halblebendigen Menschen."

Das Gegenteil von übertriebener Sparsamkeit, die ja auch in Geiz ausarten kann, ist nicht Verschwendung, sondern ein richtiger Umgang mit dem Geld. Dazu zähle ich auch die Großzügigkeit. Denn was wir geben, macht uns bekanntlich nicht ärmer, sondern reicher. Oft ist es die Angst, einmal nichts mehr zu haben, die uns hindert, unser Geld sinnvoll zu gebrauchen. Viele horten es, legen es an. Sie vergessen, dass sie damit letztlich nichts anderes als eine Zahl auf einem Stück Papier oder heute auch auf einem elektronischen Dokument haben. Nichts gegen den Notbatzen! Wer spart, weil er z.B. von einem Eigenheim träumt, der lebt wenigstens mit der Vorfreude.

Vielleicht wenden Sie jetzt ein: „Geld allein macht zwar nicht glücklich, aber es beruhigt." Merkwürdigerweise erlebe ich in vielen Gesprächen aber genau das Gegenteil: Menschen haben Angst, das Geld zu verlieren. Sie überlegen sich, wie sie es sicher anlegen können. Dabei müssen sie feststellen, dass es keine wirkliche Sicherheit gibt. Wer zu oft ans Geld denkt, kann unter Umständen das wahre Leben verpassen.

„Bewerte Geld nicht
höher oder niedriger als das, was es wert ist;
es ist ein guter Diener, aber ein schlechter Meister."
Alexandre Dumas

Viele arbeiten hart. Sie haben sich ihren Lohn verdient. Manche verlieren dabei ihre Gesundheit aus den Augen. Kürzer treten kann in gewissen Fällen sinnvoll, ja, nötig sein. Auch und gerade der Mensch braucht von Zeit zu Zeit ein Reset. Ein Reset (deutsch: *zurücksetzen*) ist ein Vorgang, durch den ein elektronisches System in einen definierten Anfangszustand gebracht wird. Dies kann erforderlich sein, wenn das System nicht mehr ordnungsgemäß funktioniert und auf die üblichen Eingaben nicht reagiert. Zwar ist der Mensch viel mehr als ein elektronisches System, aber auch ihm tut es gut, immer wieder auch seinen Körper und seinen Geist in eine Art „Grund-Befindlichkeit" zu bringen. Wie das geht? Folgende Erfahrung hat mir und vielen Menschen gutgetan: Man reserviere sich von Zeit zu Zeit Tage, an denen man ausschlafen kann. Am Vorabend fordert man seinen Körper durch eine Wanderung oder durch Sport ziemlich heraus. Man darf dabei ruhig den Schweiß auf der Haut spüren. Vorher und nachher befasse man sich mit spirituellen Texten, die positive Assoziationen enthalten. Man versuche, wie beim Gebet in der Stille, möglichst alle Gedanken der Arbeit loszulassen. Dann geht man unter die warme Dusche oder genießt ein Bad. In einem möglichst ruhigen Zimmer verbringt man die Nacht, ohne vorher Alkohol oder andere Drogen konsumiert zu haben. Am Morgen, nach dem Aufwachen, bleibt man in der Stille liegen, vermeidet es wieder, über die Arbeit oder über Sorgen nachzudenken. Vielleicht klappt es nicht beim ersten Mal. Geben Sie nicht auf, sondern versuchen Sie es von Zeit zu Zeit wieder.

Auch freie Zeit gehört heute für viele Menschen zum Alltag. Noch nie hatten Menschen so viel freie Zeit zur Verfügung wie heute, wo wir in den modernen Industrienationen Maschinen haben, die uns viel Arbeit abnehmen. Gewerkschaften und andere Organisationen haben bewirkt, dass wir ein Recht auf Freizeit und Erholung haben. In diesem Zusammenhang wurde in letzter Zeit vermehrt die Forderung nach einem Grundeinkommen für alle beachtet. Denn die zunehmende Automatisierung schafft nicht immer neue Arbeitsstellen, sondern sie gefährdet auch solche. Wie gehen wir mit der freien Zeit um? Während die Arbeit in gewissen Fällen dem Menschen hilft, dass er sich nicht beständig um sich selber dreht, können freie Tage und freie Stunden eine Zeit sein, in der Menschen ins Grübeln verfallen. Warum denken viele Menschen oft negativ? Wenn wir der Ursache auf den Grund gehen, dann sind es bei genauer Betrachtung oft wieder unbewusste (oder auch bewusste) Ängste, die ich schon im ersten Kapitel angesprochen habe. Viele machen sich Sorgen um die Zukunft. Sie vergessen, dass sie mit ihren Sorgen nichts, aber auch gar nichts ändern können. Manchmal kommt es einem so vor, als würden Menschen meinen: „Je mehr Sorgen ich mir mache, desto mehr habe ich mein Leben im Griff." Aber zu viele Sorgen vertreiben die Lebensfreude und machen Menschen krank. Deshalb sollten wir Sorgen, wenn sie in uns auftauchen, sofort als solche entlarven. Sagen wir uns: Was auch immer passiert, ich werde es meistern. Sorgen, die immer wieder auftauchen, können Sie „schriftlich beantworten", indem Sie sich notieren, aus welchen Gründen die Sorgen Sie nicht mehr beherrschen können.

An dieser Stelle greife ich kurz die Gedanken zur Arbeit bzw. Arbeitslosigkeit nochmals auf: Jemand hat Angst, den Job zu verlieren. Vielleicht ist es ihm auch schon einmal passiert. Tauchen entsprechende Gedanken immer wieder auf, sollte er sich darauf besinnen, dass er entweder wieder eine Arbeit findet oder deswegen nicht sein Leben verliert. Er kann sich ausmalen, was er dann tun würde. Wichtig ist, dass wir Gedanken über die Sorgen sofort stoppen, sie durch positive Assoziationen ersetzen. Auch Sorgen über Dinge oder Situationen, die wir nicht ändern können, müssen wir sofort „in den inneren Papierkorb" verschieben. Sie rauben uns Energie und Freude. Vertrauen wir vielmehr darauf, dass wir immer die Kraft in uns tragen, die wir brauchen!

Eine erfrischende Aussage, die ich in der letzten Zeit gelesen habe, war das Gebet eines Mystikers, der einmal am Abend gesagt hat: „Gott, ich danke dir, dass es heute nicht so gelaufen ist, wie ich es mir vorgestellt habe." Er konnte mit innerem Abstand auf den vergangenen Tag zurückblicken. Er hat sich die Weisheit zu eigen gemacht: Nicht die anderen Menschen regen mich auf, sondern ich rege mich auf. Ich bin aber ja nicht verpflichtet, mich aufzuregen. Im Leben werden unsere Pläne immer wieder durchkreuzt. Im Nachhinein stellen wir fest, dass viele scheinbare „Störungen“ uns gar nicht geschadet haben. Im Gegenteil: Sie haben uns sogar eine neue Perspektive eröffnet. Bleiben wir also beweglich! Ärgern wir uns nicht darüber, dass nicht alles immer so läuft, wie wir es uns vorgestellt haben. Ich weiß, das gelingt nicht immer, – aber immer besser, wenn wir es bewusst einüben!

Es war einmal ein kleiner Tag, dem ging es wie allen, die vor ihm auf der Erde waren. Er hat nichts Besonderes erlebt. „Keine besonderen Vorkommnisse“, dachte er am Abend enttäuscht. Doch später wurde genau dieser Tag zum Weltfriedenstag gewählt, weil es an diesem Tag keine kriegerische Auseinandersetzung gab. „Schön wär‘s“, denken wir, „ein schönes Märchen“. Immerhin kann diese kleine Geschichte deutlich machen, wie zufrieden wir eigentlich sein sollten, wenn es uns gutgeht. Vor einiger Zeit hielt ich eine Tageszeitung in der Hand. Auf dem Titelbild war ein fingiertes Bild abgedruckt, das ein Bild der Zerstörung in Basel zeigte. Der Artikel handelte von einem möglichen Erdbeben. Ein paar Seiten später konnte man auf einer ganzen Seite einen Artikel über „die absurde Bombe“ lesen. Es ging um die Atomwaffen. Mit vielen Zahlen wurde ein Schreckensszenario aufgebaut. Zudem ging es um die bewaffneten Konflikte. Ich begann zu lesen, da hielt ich inne: „Warum tue ich mir das eigentlich an? Was für einen Nutzen habe ich von dieser Lektüre?“ Ist es sinnvoller von einer friedlichen Welt zu träumen, als einen Artikel über einen möglichen Atomkrieg zu lesen? Sicher ist: Wer vom Frieden träumt, tut der Seele etwas Gutes.

Apropos Träume: Auch wenn einige moderne Psychologen mindestens bis zur Mitte des vergangenen Jahrhunderts Tagträume als „Flucht aus der Realität" deklariert haben, solche aus einer bestimmten Schule, so halte ich und viele Psychologen heute dagegen: Eine solche Flucht ist so sinnvoll, wie die Fahrt in den Urlaub. (Eigentlich könnte man die Verfechter aus dieser Zeit ja sowieso nicht mehr modern nennen.) Wer seiner Fantasie freien Lauf lässt, der kann unter Umständen wunderbare und mitunter lustvolle Zeiten erfahren. Dabei ist er sogar noch kreativer als einer, der vor dem Fernsehgerät aus lauter Langweile einschläft. Denn mit meinen Gedanken kann ich genau das träumen, was mir Freude bereitet. Fernsehschauen ist nicht an sich schlecht, aber es kann die eigene Fantasie beeinträchtigen.

Wie können wir unseren Alltag erlösen? Wie können wir mit guter Laune im Alltag leben? Ich meine: Lassen wir uns von den Ereignissen steuern oder nehmen wir das Heft in die Hand? Es gibt die Pflichten der Tage. Aber die meisten Menschen in Mitteleuropa haben in der Regel jeden Tag auch ein paar Stunden Zeit für sich selbst. Es geht darum, in dieser Zeit etwas zu tun, was Sinn und Freude schenkt. Das mag banal klingen, aber diese alltäglichen Auszeiten verhelfen uns zu einer guten Laune. Wir freuen uns z.B. auf ein feines Abendessen in der Familie, mit einem Partner oder wir können es auch als Single genießen. Wir brauchen einfach die oben erwähnte Fantasie zu benutzen, um in diesen Auszeiten etwas zu tun, was uns Spaß macht.

Zugegeben, im beruflichen oder privaten Alltag geht es nicht immer nur „lustig zu". Es gibt graue Alltagspflichten, es gibt Sorgen um die Kinder, es gibt Routine und langweilige Arbeiten. Was wäre, wenn wir diese einmal als Herausforderungen sehen würden, die in uns erst die richtige Freude an den schönen Seiten des Lebens erwachen lassen? Ist es nicht so, dass viele von uns heute in den reichen Nationen erwarten, in einer Spaßgesellschaft die optimale Lust und Freude zu finden? Mit dem wirklichen Leben hat dies nichts zu tun. Wir können niemals alle dunklen Seiten des Daseins umgehen, somit müssen wir lernen, mit ihnen umzugehen, mit ihnen zu leben. In unserem Dasein gibt es zwei Pole: Freud und Leid, Lachen und Weinen, Arbeiten und Vergnügen, Angst und Geborgenheit, Licht und Schatten, Wohlsein und Unwohlsein. Sie bedingen einander. Und doch kann jeder schwere Moment die Geburtsstunde, die Wende zu einem besseren Leben sein. Viele Menschen haben im Nachhinein den Sinn der schwierigen Situationen und der schweren Stunden verstanden. Einige von ihnen konnten anderen Menschen helfen, weil sie diese Erfahrungen als Reifeprozess integriert haben.

In meiner Studienzeit habe ich mich nach einigen langweiligen und, wie mir vorkam, nichtrelevanten Vorlesungen manchmal gefragt, warum ich mir dies antue. Ich gab mir selber die Antwort: Damit ich einmal den Beruf ausüben kann, den ich gerne ausüben will. Dies hat meine Laune wieder gehoben.

Heute lebe ich mit guter Laune, weil ich an meinem Ziel festgehalten habe.

Ich könnte auch schreiben: Mein Traum ist Wirklichkeit geworden. Habe ich einfach Glück gehabt? Nein, wie gesagt, ich habe dafür oft hart gearbeitet. Apropos „Träume werden Wirklichkeit": Kürzlich las ich auf einer Spruchkarte die Aussage, dass alles, was wir uns wünschen, bereits im Herzen ist. Zudem würden wir das in den Händen halten, was wir suchen. Und das, was wir finden, sei ein Teil unseres Lebens.

Weiter war zu lesen: „Mach dich auf die Reise zu dir selbst. Erkenne die Kraft, die in dir ist. Wenn du im Einklang mit dir selbst bist, erfüllen sich deine Träume." Viele moderne Menschen schütteln vielleicht den Kopf über solche Aussagen. Sie sind der Ansicht, das sei Schwärmerei. Lesen wir den Text doch einmal vom Ziel her, von den Träumen, die Wirklichkeit werden. Kreisen wir die Aussagen ein, dann erkennen wir plötzlich ihre Wahrheit! Deshalb habe ich dieses Buch mit der Selbsterkenntnis begonnen: Sie führt uns durch eine innere Reise zu uns selbst. So erkennen wir, was wirklich Teil unseres Lebens ist. Wir entdecken die Wünsche im Herzen, die auch nur dort in Erfüllung gehen können. Das Glück ist eine Stimmung, nicht ein materielles Ding. Wenn wir glücklich werden wollen, müssen wir uns zuerst so annehmen, wie wir sind. Auf dieser Basis gelingt eine Veränderung, die wir wirklich wollen, die uns guttut. Wir sind in vielen Fällen für unser Leiden selbst verantwortlich, weil wir Erwartungen und Überzeugungen übernehmen oder entwickeln, die gar nicht in der Tiefe unseres Herzens verankert sind.

4.
Lebensfreude durch Loslassen

Eines Tages ging plötzlich nichts mehr: Das Internet war gestört, mein Rasierapparat war defekt, meine Brille war wie vom Erdboden verschluckt, das Telefon stellte keine Verbindung mehr her… Ich hielt inne, überlegte mir, was ich tun soll, wenn ich nichts mehr tun kann. Genau! Einmal nichts tun. Die Erde wird sich weiter drehen. „Gönne dir diese Auszeit", sagte ich mir. Vor nicht allzu langer Zeit haben schon unzählige Millionen Menschen auf diesem Planeten ohne Rasierapparat, Handy, Internet, Telefon, Computer gelebt; sie waren weder unglücklicher noch glücklicher als wir, unzählige haben mit guter Laune gelebt. Dann tat ich das, was ich schon lange tun wollte: einem lieben Menschen eine Karte schreiben, von Hand, als persönlicher Gruß. Jetzt hatte ich die Gelegenheit dazu! Allerdings dachte ich auch ein wenig beschämt: „Muss zuerst nichts mehr gehen, bis du an diesen Menschen denkst?" Nach einer Pause, nach einem kurzen Spaziergang, „bin ich dann wieder ganz bei mir angekommen". Die Brille war plötzlich wieder da, wie zufällig fand ich eine Klinge und Schaum, womit ich mich ohne Strom rasieren konnte. Auch das Telefon ging wieder! Und schon bald fanden wir die Ursache für das gestörte Internet.

Die Kunst des Lebens
besteht wohl auch darin,
zur rechten Zeit loszulassen
und das Unnötige wegzulassen.

Apropos Computer: Kürzlich hatte ich die Möglichkeit, ohne große Kosten einen neuen und moderneren Computer zu bekommen. Da mein älteres Modell nicht mehr auf dem aktuellen Stand war, nahm ich das Angebot dankbar an. Das neue Betriebssystem läuft tadellos, der PC ist schneller und ich habe mehr Möglichkeiten. Die große Konsole hinter den Beinen ist weg, ein kompaktes Gerät steht unter dem Bildschirm und lässt sich mühelos ohne Verrenkungen bedienen. Um dieses neue Gerät in Betrieb zu nehmen, mussten allerdings die Daten vom alten Computer übertragen werden, was einige Zeit beansprucht hat. Allein die vielen Mails brauchten einige Zeit, um den Transfer zu überstehen. In diesen Stunden war ich blockiert. Am Ende habe ich alle übertragenen Schreiben auf dem neuen Computer gelöscht, weil mir klar wurde, dass ich sie nie mehr brauchen würde, falls die Adressen überhaupt noch gültig sind. Diese alltägliche und völlig undramatische Erfahrung zeigt, wie viel sich bei uns im Laufe der Zeit ansammelt und angesammelt hat. Vieles steckt in unseren Schränken und Schubladen, das wir gar nicht mehr brauchen. Oft suchen wir Dinge und finden sie nicht, weil sie irgendwo im Krempel stecken. Loslassen tut gut und befreit. Es schenkt Lebensfreude. Wer schon einmal mutig z.B. bei einem Wohnortswechsel Ballast abgeworfen hat, der weiß, wie befreiend das sein kann. Die Seele blüht auf. Wir haben ein treffendes Wort dafür: Ein Mensch fühlt sich „aufgeräumt". Er kann durchatmen, hat wieder mehr Platz zum Leben. Ich möchte mit dem „Ballast“ vor allem auf den „inneren Krempel“ hinweisen, den wir mit uns tragen. Es sind ungute Erinnerungen, falsche Denkschemen, negative Gedanken, Ängste und Sorgen, Befürchtungen und Vorurteile, die uns belasten. Wir können lernen, diese loszulassen. Vielleicht gelingt es in einigen Fällen nicht von heute auf morgen, aber wenn Sie folgende Punkte beachten, werden Sie es schaffen:

- Seien Sie sich bewusst, dass Sie selber für alle Gedanken verantwortlich sind.
- Machen Sie sich klar, dass Sie jederzeit Gedanken zulassen, ablehnen oder steuern können.
- Vertrauen Sie, dass Sie negative Gedanken loslassen können.
- Entspannen Sie sich, wenn etwas nicht so läuft, wie Sie es sich vorgestellt haben.

Dazu ein Beispiel: Es gibt in Ihrer Verwandtschaft eine Person, über die Sie sich immer wieder ärgern. Im ersten Schritt müssen Sie sich klarmachen, dass Sie sich eigentlich nicht über die Person, sondern über ihr Verhalten ärgern. Der andere Mensch ist durch Prägung und durch Schicksal zu dem geworden, was er ist. Damit will ich unangenehme Zeitgenossen nicht einfach von einer Mitschuld lossprechen. Wenn ich mich aber über einen anderen Menschen ärgere, dann muss sein Verhalten etwas mit mir zu tun haben. Warum ärgere ich mich über sein Verhalten? Weil ich negativ denke. Nehmen wir an, Sie versuchen etwas aus Ihrem Leben zu machen. Sie nutzen Ihre Begabungen und Fähigkeiten, übernehmen Verantwortung im Betrieb oder als Familienvater oder Mutter. Sie haben einen Bruder, der sich gehen lässt, auf alles pfeift und sich vom Sozialstaat bedienen lässt. Wenn Sie an ihn denken, ihn verurteilen, denken Sie negativ. Dann sind Sie von ihm „besetzt“; er hat Macht über Sie. Aber Sie werden ihn dadurch nicht um eine Haaresbreite ändern. Denn der andere Mensch kennt ja vielleicht nicht einmal Ihre Gedanken. Denken Sie hingegen daran, wie Ihr verantwortungsvolles Leben und Wirken Ihnen Befriedigung bringt, der Welt dient, dann denken Sie richtig.

Wenn das Bild des anderen Menschen vor Ihrem inneren Auge auftaucht, dann wünschen Sie ihm, dass er auch einmal die Freude in sich erlebt, welche der Tätige in der Übernahme der Verantwortung erfährt. Sie können sich auch einmal bewusstmachen, dass dieser andere Mensch Sie wohl im Geheimen bewundert oder gar neidisch ist. Vielleicht provoziert er Sie, indem er Ihnen glaubhaft machen will, wie sein Leben als „freier Vogel“ doch bunt und vielfältig ist. Gelingt es ihm, Sie so zu irritieren, dann gönnen Sie sich zu wenig. Sie können nämlich zur rechten Zeit diese Stimmung auch haben, z.B. im Urlaub, ohne dabei alles hinschmeißen zu müssen. Denn wahr ist: Wenn der Urlaub zum Alltag wird, verliert er jeden Reiz.

Oben habe ich darüber geschrieben, dass Defizite, die wir oft nicht erkennen, die Ursache von Wut in uns sein können. In einzelnen Fällen übertragen wir eigene Defizite auf andere. Wir geben dann ihnen die Schuld, wenn es uns nicht gutgeht. Sicher haben Sie das auch schon so ähnlich erlebt, wenn Sie in einer Partnerschaft oder Gemeinschaft leben: Sie suchen einen Gegenstand und sind sich sicher, ihn doch noch vor kurzer Zeit gesehen zu haben. Bald verdächtigen Sie Ihren Partner, Ihre Partnerin und finden ihn dann aber an einem Ort, wo Sie ihn unbewusst abgelegt haben.

Die Wut kann in gewissen Fällen auch zu Machtmissbrauch werden. Wir bestrafen einen anderen Menschen mit Vorwürfen, mit einer schlechten Laune, mit Rückzug oder mit was immer, weil wir einen Sündenbock suchen oder brauchen, durch den wir unsere Wut abreagieren wollen.

Ich bin vom Thema „Entschlackung“ ausgegangen und nun bei der Wut angekommen. Entschlackung hat oft etwas mit unserer Seele zu tun. Sicher kennen Sie das Frustessen. Wir essen oder trinken zu viel, weil oder wenn es uns nicht gutgeht. Was ist das Gegenteil von Entschlackung? Eine Vergrößerung. Dazu fällt mir Folgendes ein: Als ich als junger Mensch meine Eltern besuchte, durchquerte ich mit dem Fahrrad eine kleine Industriestadt. Dort haben sich Menschen aus wirtschaftlich schwächeren Ländern angesiedelt, weil sie eine Arbeitsstelle gefunden haben. Solche Arbeitsstellen sind nötig, aber je nach dem braucht der Arbeiter keine lange Ausbildung zu haben. Darunter gibt es junge Erwachsene, die mir durch ein ziemlich teures Auto aufgefallen sind. Bei einigen war ich mir ziemlich sicher: „So ein Luxusschlitten können die sich doch eigentlich nicht leisten. Sie leasen ihn oder haben einen Kredit aufgenommen.“ Ich spürte deutlich: Der Wagen ist für sie ein Prestigeobjekt. Sie vergrößern sich äußerlich, indem ihre Hülle größer und teurer ist. Im Tierreich sehen wir ein entsprechendes Verhalten, wenn Tiere sich bei einer Gefahr aufstellen, um größer zu erscheinen, damit der „Feind“ verunsichert wird. Nur geht es beim Verhalten der „Kleinstädter“ nicht eigentlich um eine Gefahr, sondern um ein Defizit. Da sie glauben oder sich einbilden, der Beruf sei nicht so angesehen, gleichen sie dieses Minderwertigkeitsgefühl mit dem Fahren eines teuren Autos aus. So nach dem Motto, das sie sich wohl unbewusst einreden: „Wer ein solches Auto fährt, der ist etwas wert, weil es wertvoll ist. Ich gehöre zu den Erfolgreichen!" Sie blähen sich gleichsam äußerlich auf, um ein schwaches Selbstvertrauen zu kompensieren.

Sicherlich dürfen Menschen Freude haben an einem solchen Auto, an einer schönen Uhr, an einem edlen Kleidungsstück. Dabei fällt mir aber immer wieder ein, wie wir in unseren modernen Industrie- oder Dienstleistungs-Staaten auf hohem Niveau jammern: Fällt eine Rechnung etwas höher aus, regen wir uns darüber auf. Wir vergessen, dass eine Mehrheit der Menschheit auf der täglichen Suche ist, zu überleben. Solche Menschen könnten uns zu einem gesunden Maß verhelfen:

In Abwandlung eines Textes, den ich einmal gelesen habe, möchte ich hier folgende Empfehlung festhalten:

Wer die Einsicht besitzt, ist auch maßvoll.
Wer maßvoll ist, ist auch gleichmütig.
Wer gleichmütig ist, lässt sich nicht aus der Ruhe bringen.
Wer sich nicht aus der Ruhe bringen lässt,
ist ohne Kummer.
Wer ohne Kummer ist, ist glücklich. Also ist der Einsichtige glücklich. Und die Einsicht reicht aus für eine innere Ruhe, für ein gleichmütiges und glückliches Leben.
Ich könnte hinzufügen:
Ein solcher Mensch lebt mit guter Laune!

In den reichen Industrienationen kann Loslassen also auch schon beim gesunden Maß anfangen. Reichtum kann bekanntlich auch belasten. Wer viele kostbare Güter hat, fürchtet sich vor dem Einbrecher, andere haben Angst, eine Geldentwertung könnte ihr Vermögen dahinraffen. Jede Form von

Angst verhindert unsere Lebensfreude. Andere Menschen springen von Event zu Event und tanzen durch die Nächte. Man hat bei ihnen den Eindruck, sie hätten panische Angst, etwas zu verpassen. Dabei ruinieren sie sogar ihre Gesundheit. Einige tun dies aus Überzeugung. Sie sagen: „Lieber ein kurzes intensives und prickelndes Leben als ein langes und langweiliges Leben." Einige haben diese Einstellung allerdings schon bereut... Sie haben ihren Körper dermaßen strapaziert, dass sie keine Grundlage für ein weiteres Leben mehr hatten. Ein erfülltes Leben muss nicht darin bestehen, es möglichst vollzupacken, sondern möglichst Dinge zu tun, die Freude machen, und dabei das Unnötige wegzulassen.

Loslassen müssen Eltern auch einmal ihre Kinder. Sie werden sie immer lieben, aber sie können nicht das Leben der Kinder leben. Irgendwann müssen die Kinder selber Verantwortung für ihr Leben übernehmen. Es ist die Aufgabe der Eltern, sie darauf vorzubereiten. Folgender Witz macht deutlich, was passiert, wenn sie das nicht tun:

„Hast du es schon gehört?
Der Sohn der Müllers ist endlich ausgezogen!"
„Wo wohnt er denn jetzt?"
„Im Altenheim ist ein Platz frei geworden."

Die übertriebene Fürsorge der Eltern kann verhindern, dass ein junger Mensch sich ganz entfaltet. Er bleibt das Leben lang ein Kind. Manchmal spielen auch unbewusst Ängste mit: Eltern haben sich so auf das Kind oder auf die Kinder fokussiert, dass sie gleichsam von ihnen abhängig geworden sind. Das heißt: Sie haben ihre Kinder von ihnen abhängig gemacht, um sich nicht ändern zu müssen. Sie gefallen sich in der Rolle der Betreuer. So haben sie sich ebenso von ihren Kindern abhängig gemacht. Das ist eine kranke Symbiose. Die Eltern verhindern die Entwicklung der (oft schon erwachsenen) Kinder und damit ihr Glück. Denn dieses ist nur durch Reifung möglich. Ich weiß, es ist in einigen Fällen schwer, das Kind loszulassen. Gerade die Mutter will ja nur das Beste für ihr Kind oder für ihre Kinder. Aber dieser Prozess der Abnabelung ist nötig, wenn der Mensch seine Freiheit und Würde erlangen soll.

Vielleicht denken Sie jetzt wieder: „Was hat dies mit einer guten Laune zu tun? Freiheit, Selbstständigkeit sind die Grundbedingungen für ein Leben mit guter Laune. Wenn diese Abnabelung für Sie kein Thema ist, dann können Sie diese Zeilen gern überspringen. Vergessen wir jedoch nicht, dass wir alle noch bewusst oder unbewusst Wirkungen unserer Eltern in uns tragen. Es ist gut, für sich zu klären, ob diese gut oder schlecht sind, ob sie uns guttun oder immer noch belasten. Was wollen oder sollen wir loslassen? Was behalten?

Wie können Sie, wenn Sie Vater oder Mutter sind, dem Kind eine Grundlage für ein Leben mit guter Laune ermöglichen?

Schon das kleine Kind spürt genau, wie es zum Ziel kommt, wie es die Mutter oder den Vater manipulieren kann. Der Vater und die Mutter müssen aufmerksam sein, um diesen Mechanismus zu durchschauen. Kindererziehung ist kein Kinderspiel. (Wobei das Spielen jedoch sehr wertvoll ist!) Ein Kind handelt aus, was es essen will. Es verweigert zum Beispiel etwas, das es nicht mag.

Vogel friss oder stirb!

Das mag hart klingen, doch ist es eine Erfahrung. Genau wie die andere Einsicht aus dem Volksmund:

Hunger ist der beste Koch!

Wer so etwas in einer „satten Gesellschaft“ schreibt, der wird wohl ein mitleidsvolles Lächeln ernten. Doch manchmal herrscht auch Überdruss am Überfluss. Viele können die einfachen Speisen gar nicht mehr schätzen. Es gehört zu den traurigsten Tatsachen, dass sich Menschen heute buchstäblich zu Tode essen. Damit leben sie mit Sicherheit ohne Lebensfreude. Sie werden von einem Zwang beherrscht. Oder sie verdrängen Angst, Verletzung oder Gaben, die in ihnen schlummern. Gerade der letzte Punkt könnte eine wichtige Erkenntnis sein: Wer sich im äußeren Leben nicht abgrenzt oder abgrenzen kann, der stopft seinen Leib und seine Seele mit Alkohol, viel Essen, vielleicht auch übermäßigem Fernsehkonsum voll. Der Mensch lebt gesund, wenn er aus Freiheit auch etwas tun kann, das er selber tun will. Jede Form von Abhängigkeit raubt dem Menschen seine Freiheit. Die Sucht macht ihn krank. Dazu zählt gerade der Alkoholismus. Dass wir eine gesunde Beziehung zur Mitwelt verloren haben, zeigt sich schon daran, dass in unserer Überflussgesellschaft über dreißig Prozent der Lebensmittel im Abfall landen. Darunter befindet sich Fleisch von Tieren, die getötet wurden. Ich schreibe deshalb in diesem Zusammenhang über den Verlust der (persönlichen) Beziehung, weil kein Mensch so handeln würde, der eine Beziehung zu den Tieren pflegt und diese selber töten müsste. Im modernen Leben handeln Menschen oft gegen ihr Gewissen. Auch das verdirbt mit der Zeit die Lebensfreude.

Hat ein Mensch einen inneren Ruhepunkt, pflegt er eine

gesunde Spiritualität, indem er sich um das Wohl seiner Seele und um das Wohl seines Leibes kümmert, durch Gebet, Literatur, Meditation, durch eine kreative Tätigkeit, dann vermag er die negativen Seiten auszugleichen. Ein Mensch kann Verletzungen „verdauen", indem er sie erkennt und ihnen nicht zu viel Gewicht gibt. Er kann viel autonomer leben, als er selber glaubt. Zuerst muss er erkennen, was er unbewusst in sich hineinfrisst oder schon hineingefressen hat. Sagen wir uns, dass die Verletzungen zu uns gehören. Sehr viele Menschen haben nach schlimmen Erfahrungen gesagt, dass ihnen durch diese eine höhere Kraft zur Verfügung gestanden habe. Glauben wir daran, dass wir die Verletzung verdauen können. Dann wird sich wieder der Hunger nach dem wahren Leben einstellen, der uns mutig leben und handeln lässt. Die eben angesprochenen Menschen, die das geschafft haben, sind lebendige Beispiele dafür. Man kann über solche Aussagen staunen. Sie meinten damit: Diese Erfahrungen haben mich stark gemacht. Und: Sie haben mir gezeigt, was im Leben wirklich zählt, was ich im Grunde meines Wesens wirklich will.

„Ein Mensch frisst viel in sich hinein:
Missachtung, Ärger, Liebespein.
Und jeder fragt mit stillem Graus:
Was kommt da wohl einmal heraus?
Doch sieh! Nur Güte und Erbauung.
Der Mensch hat prächtige Verdauung."
Eugen Roth

Es kann uns Lebensfreude schenken, wenn wir uns bewusstmachen, dass Widerstände und Verletzungen von uns verwandelt werden können.

Diese „Verdauung“ verdankt ein Mensch wohl einem gesunden Urteilsvermögen. Sie entspringt einer Persönlichkeit, die „im ständigen Dialog mit sich selbst ist“. Was ich damit meine? Ein solcher Mensch lebt bewusst. Er hat Maßstäbe, die ihm einen Halt geben. Er hat Grundsätze und Werte. In den meisten Fällen war es ein Vorbild, oft eine Mutter, manchmal auch ein Vater, ein Lehrer oder ein Freund. Apropos Mutter: Es gibt bestimmt nichts Wichtigeres in der Entwicklung des jungen Menschen als die Mutterliebe. Ein erfahrener Gefängnisseelsorger wurde einmal gefragt, welches die „schwierigsten Insassen“ gewesen seien, denen er begegnet sei. Er gab zur Antwort: „Diejenigen, denen zum Wort „Mutter“ nichts Gutes einfiel.“ Trotzdem habe ich immer wieder die Erfahrung gemacht, dass die Mutterliebe in vielen Fällen über das Ziel hinausschießt. Darüber habe ich ja schon geschrieben. Ich möchte nur noch ergänzen: Wenn eine Mutter die Angelegenheiten und auch Probleme des bereits jungen Erwachsenen übernimmt, verhindert sie so die Entwicklung seiner Persönlichkeit. *In diesem Alter kann sie „nur“ ratend zur Seite stehen.* Sie ist es in vielen Fällen, die den jungen Menschen Werte vermittelt.

Wer Werte hat, ist zentriert. Er hat eine innere Mitte. Eben habe ich über einen „Dialog mit sich selbst“ geschrieben. Damit meine ich: Er wird von einem Menschen geführt, der sich selber spürt. Mich erinnert das an das Märchen vom Fuchs und dem Wolf. Der Wolf ist ein Nimmersatt. Er zwingt den Fuchs, ihm Nahrung zu beschaffen bzw. zu zeigen, wie er an solche kommt. Zunächst wurde der Fuchs den Wolf nicht los. Schließlich führte er ihn in einen Keller mit vielen Fleischstücken. Der Wolf fraß sich voll, während der Fuchs sich bewegte und prüfte, durch welches Loch er verschwinden konnte.

Ihm gelang die Rettung, während der dicke Wolf nicht mehr flüchten konnte und vom Hausbesitzer getötet wurde. Das Märchen handelt von den zwei Stimmen in uns: Wir wüssten, wann es genug ist. Doch die Habgier verblendet uns. Man kann das Märchen auch konkret deuten: Bewegungsmangel schadet uns.

Hier möchte ich noch weitere Einsichten nennen, welche uns in eine gute Laune versetzen: Loslassen hat auch oft etwas mit Abgrenzung zu tun. Es gibt Berufe, da muss man das den zukünftigen Arbeitern schon in der Ausbildung sagen: „Delegiert, was ihr delegieren könnt." Nicht immer geht das, nicht in allen Fällen. Aber oft ist es das fehlende Zutrauen zu den Mitarbeitenden, das bewirkt, dass der Verantwortliche einmal ausgebrannt ist. Er konnte nicht loslassen. Er musste alles im Griff haben.

Der andere Mensch macht es vielleicht anders,
aber deswegen nicht unbedingt schlechter.

Loslassen hat etwas mit einer inneren Stärke zu tun. Loslassen zeigt auch Reife an. Wenn ich einem Menschen nach vielen Jahren begegne und er mich an meine Jugendsünden erinnert, dann merke ich, dass er sich selber wenig weiterentwickelt hat. Er ist in der Vergangenheit kleben geblieben. Er kann mir nicht zutrauen, dass ich mich verändert, verbessert habe. Er sagt oder denkt etwas über mich, das mehr über ihn aussagt.

Im ersten Kapitel habe ich darüber geschrieben, dass eine Bejahung und Annahme in der Erziehung dem jungen Menschen ein gesundes Selbstvertrauen ermöglicht. Dazu gehört auch das Vertrauen, dass der junge Mensch etwa schaffen kann. Wir dürfen die jungen Menschen also nicht von allem verschonen. Der gesunde Erwachsene kommt vielmehr an einen Punkt, an dem er durch das Vertrauen belohnt wird: Er lernt etwas vom jungen Menschen. Dieser eröffnet ihm eine neue Sicht, eine neue Perspektive. Unter Umständen führt das dazu, dass der ältere Mensch seine erstarrte Option loslässt. Wenn ich hier kurz einen zusätzlichen Gedanken einschieben darf: Wie kommt der Mensch zur Weisheit? Indem er beständig lernt. Als Säuglinge sind wir auf unsere Bedürfnisse ausgerichtet, als junge Menschen suchen wir nach Anerkennung, als ältere Menschen sehnen wir uns nach Bestätigung und lernen, die Sichtweise der anderen Menschen zu integrieren. Der letzte Schritt zur Weisheit ist aber, unseren Standpunkt zu hinterfragen und kritisch unsere Ansichten zu überdenken. So können wir eine festgefahrene Meinung loslassen. Und so können wir uns entwickeln. Der weise Mensch lebt eigentlich beständig mit einer guten Laune. Er hat keine Angst vor neuen Einsichten, sondern nimmt sie dankbar in Empfang. Und die neuen Einsichten machen ihn reicher, was seine Lebensfreude fördert. Michelangelo (1475-1564) wird heute von vielen als Genie gesehen. Er war Maler, Baumeister und Schriftsteller.

Sein Lebensmotto war:

„Ich lerne immer!"

Das war wohl das Geheimnis seines Erfolgs.

Apropos „Erfolg": Es gibt Menschen, die zählen sich nicht zu den erfolgreichen Typen. Sie beschränken sich vielleicht mit einer nicht zu anspruchsvollen Tätigkeit und mit einem einfachen Lebensstil. Warum nicht? Aber für andere Menschen ist Erfolg wichtig. Und wir müssen zugeben: Ob es kleinere oder größere Erfolge in unserem Leben sind, sie alle verhelfen uns zu einer guten Laune. Wann haben wir Erfolg? Übernehmen wir die Einsicht von Michelangelo: Lernen wir! Suchen wir uns erfolgreiche Menschen und nehmen wir sie als Maßstab oder Mentor.

In unserem Leben durchlaufen wir verschiedene Phasen. Junge Erwachsene, die eine Familie gründen wollen, sehnen sich nach einem Ort, der für das Familienleben geeignet ist. Einige freuen sich über ein Eigenheim, vielleicht ein Haus mit Garten, wo sich die Kinder austoben können. Wenn die Mittel reichen, dann soll jedes Kind ein eigenes Zimmer haben. Gerade wenn die Kinder größer werden, können so Spannungen vermieden werden. Dann kommt irgendwann die Zeit, dass die Kinder ausziehen. Ihre Zimmer bleiben leer. In gewissen Fällen werden sie dann für andere Zwecke gebraucht, zum Beispiel für ein Hobby. Dann gibt es aber auch Situationen, die für die älteren Menschen schwierig sein können: Ein großes Haus muss unterhalten werden, ebenso der Garten. In den letzten Jahren konnte man gut beobachten, dass Häuser ohne viel umgebendes Land gebaut und angeboten wurden. Viele Menschen wollen sich in der Freizeit nicht mehr mit Unkraut und Gartenpflege herumschlagen. Das Treppensteigen fällt älteren Menschen schwer, wenn die Beine nicht mehr so mitmachen wollen. Deshalb ziehen ältere Menschen gerne aus einem Haus mit mehreren Etagen in eine ebenerdige Wohnung oder in eine Wohnung, die mit einem Aufzug erreicht wird. Diese Menschen müssen oder wollen loslassen. Mit dem alten Heim verbinden sich viele Erinnerungen. Unter Umständen müssen sie auch auf Bilder oder Gegenstände verzichten, weil sie für diese in der neuen Wohnung einfach keinen Platz mehr haben. In Gesprächen habe ich erfahren, dass ältere Menschen in vielen Fällen dankbar sind, den Schritt des Loslassens, den Umzug in eine Wohnung getan zu haben. Sie fühlen sich entlastet.

Seitdem ich ein gewisses Alter erreicht habe, wie man so sagt, den „Zenit überschritten habe", fällt mir das Loslassen immer leichter. Ich merke, dass ich viele Gegenstände gar nicht brauche. Besitz kann bekanntlich belasten. Wer viel unterwegs ist, macht die Erfahrung, dass er nicht das ist, was er besitzt. Wer loslassen kann, bleibt innerlich jung. Im vergangenen Kapitel habe ich über den vernünftigen Umgang mit Geld geschrieben. Wenn es hier um das Loslassen eines großen Hauses geht, dann ist das ja auch ein Vermögen, das Menschen durch harte Arbeit erwirtschaftet haben. Viele ältere Menschen haben in meiner Umgebung das Haus noch selber gebaut oder das ehemalige Elternhaus umgebaut. Heute gewähren Banken Hypotheken. Ich kenne Menschen, die ein modernes Haus mit allen modernen Einrichtungen besitzen, dafür aber viel Zins zahlen müssen. Sie haben schlaflose Nächte, weil sie nicht mehr wissen, ob sie über die Runde kommen. Ich bin kein Minimalist. Deswegen horche ich auf, wenn ich höre, man soll seine Bedürfnisse in ein gesundes Verhältnis zu seinen Mitteln bringen. Werden wir da nicht von wem auch immer zur Genügsamkeit erzogen? So nach dem Motto: „Euch steht nicht mehr zu!" Menschen dürfen nach mehr Lebensqualität streben. Doch in gewissen Fällen denke ich mir: Warum soll ich mich mit einer luxuriösen Villa belasten. Kommt es auf die Größe an? Was nutzt mir ein Prestige-Objekt? Gehe ich am Ende dafür arbeiten, dass andere Menschen sehen, was ich mir leisten kann, oder sogar noch Neid empfinden? So gesehen kann Besitz wieder die Lebensfreude verderben. Wem käme da nicht die Weisheit des berühmten griechischen Philosophen Diogenes in den Sinn, der in einer Tonne gelebt haben soll. Alexander der Große soll ihn einmal besucht haben, beeindruckt von seiner Bescheidenheit versprach er ihm, jeden Wunsch zu erfüllen. Doch Diogenes sagte nur: „Geh mir aus der Sonne!“

Loslassen bedeutet noch mehr.

In den Leistungsgesellschaften vergessen Menschen, dass das Leben nicht nur aus Arbeit besteht. Ich denke da gerade an Deutschland und die Schweiz, wo dieses Buch gelesen wird. In der Schweiz gibt es eine Einsicht: „Wir Schweizer leben, um zu arbeiten, die Italiener arbeiten, um zu leben.“ Deshalb zieht es viele Schweizer im Urlaub nach Italien. Sie spüren: Da können wir noch etwas lernen. Während wir Überstunden machen, können die Menschen im Süden in der lauen Sommernacht sich noch ein Glas Wein gönnen, das Rauschen der Wellen genießen und wissen: Dieser Augenblick kommt nie mehr zurück.

Ich habe mich auch schon dabei ertappt, dass ich am Sonntag in der Versuchung war, Arbeiten zu erledigen. Dann kam mir in den Sinn: Hat denn nicht der liebe Gott selber sich am siebten Tag eine Auszeit gegönnt? Er will ja gar nicht, dass wir uns zu Tode schuften. Ja, wir dürfen einmal in der Woche wirklich ausruhen, herunterfahren, uns etwas gönnen.

Du und dein Handy: Das Handy ist an sich eine gute Erfindung: Man ist immer und überall erreichbar. Ich meine das nicht ironisch: Für gewisse Berufe ist es wirklich eine Erleichterung. Wer erreichbar sein muss, kann unter Umständen einen Spaziergang machen, denn er hat ja sein Mobiltelefon dabei. Die Gefahr liegt darin, dass sich viele von uns ein Leben ohne Handy nicht mehr vorstellen können. Schon vor einigen

Jahren haben mehrere Zeitschriften von einem Manager berichtet, der sein Handy verlor und daraufhin kollabierte. Zum Glück ist er nicht gestorben. Bei einer Beerdigung kollabierte aus Schrecken eine Frau, weil aus einem Nachbargrab ein Handy klingelte. Man hat dem Toten offenbar das Handy mitgegeben. Ist das eine Art moderne Grabbeilage? Goethe hatte schon recht, wenn er einmal notiert hat:

„Am Ende hängen wir doch ab
von den Kreaturen, die wir machten."

Dasselbe gilt wohl auch für das Internet. Durch dieses Medium sind viele von uns heute mit den verschiedensten Bereichen der Welt und mit vielen Menschen verbunden. Die Lust an diesem Medium zeigt, wie sich der innere Mensch nach einer Verbindung mit den anderen Menschen und der Welt sehnt. Doch bei den alltäglichen Begegnungen mit Menschen ist das Gefühl der Verbundenheit nicht immer da. Warum? Die archaische Angst vor dem anderen Menschen, dem möglichen „Feind" dominiert. In einem ganzheitlichen Weltbild wird klar, wie wir alle miteinander verbunden sind. Das Handy, das wir mit uns tragen, und das Internet zeigen diese Verbindung an. Ich trage den anderen Menschen irgendwo in mir. Es gibt am oder im anderen Menschen eine Stelle, die mich anspricht, wenn ich sie nur finde… Wenn ich ihn nur lange genug und genau ansehe… Ich kann jeden lieben, den ich verstehe. Doch Verständnis erfordert eine Aktivität des inneren Menschen. Auch hier geht es um das Loslassen: Ich lasse meine Vorureile los. Anerkenne ich einen Menschen, begegne ich ihm richtig, dann gelingt das Zusammenkommen und die Lebensfreude stellt sich ein.

Wirkliche Solidarität und wirkliche Kommunikation entstehen nur dort, wo Menschen sich auch *in der Wirklichkeit* begegnen. Wir Menschen sind ganzheitlich veranlagt. Was wir sehen, tasten, berühren, hören und fühlen können, das betrifft uns wirklich. So werden Menschen dort immer mehr helfen, wo sie den ganzen Menschen konkret als hilfebedürftig erfahren. Die elektronischen Medien hingegen stumpfen aber leider bis zu einem gewissen Grad ab. Sie lassen uns nicht „ein-greifen". „Es geschieht ja nur am Bildschirm", denken wir. Oft verwischen die Grenzen zwischen Fiktion und Realität. Bewusst arbeiten Medienschaffende mit dieser Verwischung, um höhere Quoten zu erzielen.

In unseren Breitengraden haben demokratische Verfassungen und Gewerkschaften für eine gewisse Gerechtigkeit gesorgt. Hinzu kommen Billig-Angebote. So können sich auch Menschen, die nicht so viel verdienen, einmal einen Urlaub gönnen. Wenn wir aber ehrlich sind, dann regiert heute noch das Geld. Und Geld hat in den meisten Fällen, wer es erwirtschaftet. Viel Geld bedeutet somit oft auch viel Stress. Das habe ich schon angesprochen. Hier soll noch ergänzt werden: Der gesunde Mensch wird sich hoffentlich irgendwann fragen, wie viel Geld er für ein gutes Leben wirklich braucht. Denn das Geld auf dem Konto vermag uns zwar ein Gefühl der Sicherheit zu geben, doch ich zweifle, ob es uns wirklich Lebensfreude vermitteln kann.

Wenn Sie einmal nichts tun, sind Sie auf dem Sprung der Erlösung! Wir müssen heute wieder lernen, den Augenblick zu genießen und uns etwas zu gönnen!

Man braucht keine Millionen, um mit Glück und Freude leben zu können. Im Gegenteil: Ein Vermögen kann bekanntlich auch belasten. Wer aber zur rechten Zeit genießt, sich auch einmal etwas gönnt, der kann am Ende des Leben loslassen. Er kann sich sagen: Ich habe viele schöne Stunden erleben dürfen. Nun geht es weiter. Er darf und kann seine Hände ausstrecken und sich führen lassen. Vertrauen ist immer eine Grundbedingung für Lebensfreude.

Ebenso wird ein Mensch, der z.B. längere Zeit seine kranke Mutter oder seinen kranken Vater liebevoll gepflegt hat, diese oder diesen loslassen können. Er darf sich sagen: „Ich habe meine Arbeit getan." Das darf sich auch ein Mensch sagen, der sich auf die Pensionierung vorbereitet.

Der Vollständigkeit halber muss ich hier auch noch erwähnen, dass wir - wie oben beschrieben - nicht nur schwierige Personen loslassen müssen, um mit guter Laune leben zu können. Es sind auch viele Gedanken, negative Gedanken, die uns belasten. Sicher kennen Sie das: Wir grübeln über eine Sache nach, finden keine Lösung. Dann gilt: Ich lasse sie los. Mein endloses Grübeln führt nicht zu einer Lösung. Deshalb können wir nur mit guter Laune leben, wenn wir unnötige Sorgen loslassen.

„Sorgen können dem Morgen
seinen Schmerz nicht nehmen;
Sie rauben nur dem Heute seine Kraft."
A. Cronin

Glück schenkt uns gute Laune und damit Lebensfreude. Aber wie werden wir glücklich? Lernen wir auch hier von einem weisen Menschen. Hermann Hesse zähle ich dazu. Seine Worte sollen dieses Kapitel abschließen:

Es gibt keine Pflicht des Lebens,
es gibt nur eine Pflicht des Glücklichseins.
Dazu allein sind wir auf der Welt,
und mit aller Moral
und allen Geboten
macht man einander selten glücklich,
weil man sich selbst damit nicht glücklich macht.
Wenn der Mensch gut sein kann,
kann er es nur,
wenn er Harmonie in sich hat,
also wenn er liebt.
Dies war die Lehre,
die einzige Lehre in der Welt:
Dies sagte Jesus,
dies sagte Buddha.
Für jeden ist das einzig Wichtige auf der Welt
sein eigenes Innerstes,
seine Seele,
seine Liebesfähigkeit.
Ist die in Ordnung,
so mag man Hirse oder Kuchen essen,
Lumpen oder Juwelen tragen,
dann klang die Welt mit der Seele rein zusammen,
war gut,
war in Ordnung.

Ich glaube nicht, dass Hesse die Moral über Bord werfen wollte. Aber wenn sie nicht aus der Liebe geboren wird, dann verkommt sie zu Dogmen. Echte Liebe, die aus dem fühlenden Herzen kommt, schenkt Lebensfreude!

5.
Lebensfreude durch ein Leben mit der Natur

Das Publikum beklatscht ein Feuerwerk,
aber keinen Sonnenaufgang!

Es ist Nacht. Ich öffne ein Fenster. Der Lärm der Autos ist verstummt. Ich höre Grillen zirpen. Mir fällt die kleine Geschichte ein: Ein Indianer ist mit einem Geschäftsmann in einer lauten Stadt unterwegs. Der Indianer hört das Geräusch einer Grille und macht den Geschäftsmann darauf aufmerksam. Dieser kann sich nicht vorstellen, dass sich ein solches Tier in der Nähe befindet. Der Indianer zeigt es ihm, indem er ein Blatt einer Pflanze umkehrt. Dann hört der Geschäftsmann den Klang einer Münze, die auf den Asphalt fällt, die eben einer verloren hat. Sofort wendet er sich dem Geschehen zu. Wir sehen, was wir gewohnt sind, was wir sehen wollen. Für den Geschäftsmann hatte das Geld oberste Priorität. Gut, es gibt heute (fast) keine Indianer mehr. Wir sind alle moderne Menschen, die sich in technischen Welten bewegen. In der Freizeit erfahren wir, wie die Stimmungen der Natur uns im tiefsten Wesen berühren, bewegen und auch beleben. Viele nehmen sich heute zu wenig Zeit für die Wunder der Schöpfung. Sie verbringen ihre freie Zeit vor dem Bildschirm.

„An einem offenen Paradiesgärtchen
geht der Mensch gleichgültig vorbei
und wird erst traurig, wenn es verschlossen ist."
GOTTFRIED KELLER

Dass Aufenthalte in der Natur unsere Laune verbessern, ist wohl keine neue Entdeckung. Wer hat sich nicht schon durch Erlebnisse in der Natur in einer besonderen Stimmung erfahren? Das Rauschen eines Baches, das Zwitschern der Vögel, das Sonnenlicht, welches das Moos bescheint, die Grüntöne bringen uns in eine innere Harmonie. Es geht bei Aufenthalten in der Natur aber um mehr als um eine „seelische Erbauung". Es ist auch durch die moderne Wissenschaft nachgewiesen worden, dass sich die Substanzen der verschiedenen Pflanzen auf den menschlichen Organismus übertragen. Das ist allgemein bekannt. Ich möchte hier aber noch einen Schritt weitergehen. Während Aufenthalte in der Natur uns in eine innere Ruhe bringen, kann das Miterleben des Jahres ein noch stärkeres Gefühl der Geborgenheit, des inneren Friedens und damit auch der dauerhaften guten Laune vermitteln. Das Jahr wird gleichsam zur Trägerin unserer Seele. Wie ich das meine? Auch und gerade das Erleben der vier Jahreszeiten geben der Seele Nahrung, lassen sie „atmen". Bei uns in Mitteleuropa haben wir die Möglichkeit, die Natur in den verschiedenen Phasen zu erleben. Jede Jahreszeit hat dabei einen eigenen Reiz. Die Natur kann zum Spiegel der Seele werden. Wie ich das meine? Auf den folgenden Seiten gehe ich auf eine Dimension des Lebens ein, die heute vielleicht weniger beachtet wird. Ich möchte mit Ihnen überlegen, welche Bedeutung der Jahreskreis für die suchende Seele haben kann. Dabei fange ich beim Anfang des Jahres an:

Wann beginnt ein Jahr? Spontan würde man sagen: am Neujahrstag. Doch das ist eine menschliche Zählung. Man hat diesen Tag einmal festgelegt - wohl nicht einfach aus Willkür. In Mitteleuropa erleben wir noch die verschiedenen Jahreszeiten. Warum schreibe ich hier „noch"? Weil sich die Jahreszeiten scheinbar immer mehr durchmischen. Gewiss, wir erleben im Winter kalte Tage, wir schwitzen im Sommer, wenn es heiß ist. Dann aber haben wir an manchen Sommertagen schon den Eindruck: „Das ist ja ein Herbsttag!" Oder an einem ungewöhnlich warmen Wintertag „hören wir schon die Osterglocken läuten". Viele, gerade ältere Menschen, sagen heute, die Übergangszeiten würden mehr und mehr verschwinden. Sie meinen damit Frühling und Herbst. Mag sein, dass es dies schon früher gab. Gemessen am Leben unseres Planeten bin ich ein unscheinbarer Gast auf Erden.

Bei uns in Europa beginnt das neue Jahr im Winter, in dem das Leben der Erde scheinbar ruht. Damit meine ich: Das Jahr beginnt bei uns in der kalten Jahreszeit. Die Pflanzen haben sich als Zwiebeln unter dem Boden versteckt. Manche Tiere machen einen Winterschlaf. Im Schnee entdecken wir die Spuren der Rehe, der Hasen und der Füchse. Auch wir Menschen ziehen uns in die warme Stube zurück. Warum beginnt das Jahr im Winter? Leitet sich das weltliche Jahr vom Festzeitenjahr ab? Das christliche Jahr beginnt mit der Adventszeit, mit der gläubige Menschen den Erlöser erwarten. Diese Zeit ist für sie mit einer Vorfreude, aber auch mit einer ernsten Stimmung verbunden. Denn es geht dabei auch um die Wiederkunft Christi. An der Schwelle zum Tod begegnen unzählige Menschen heute dem Lichtwesen, das sehr viele von ihnen mit Christus identifizieren. So gesehen ist auch jedes Jahr mit einer (neuen) Erfahrung, einer Erwartung verknüpft.

Der Kabarettist Hanns Dieter Hüsch wurde einmal gefragt, was er sich nach dem Tod erhoffe. Er soll geantwortet haben: „…einmal erwartet zu werden."

Ganz am Anfang unseres leiblichen Daseins ruhen wir einer Blumenzwiebel gleich im verborgenen Schoß der Mutter. Sie erwartet uns. Wir werden also erwartet. Wenn es wahr ist, dass wir am Ende des Lebens wieder erwartet werden, dann schließt sich der Kreis, der uns Geborgenheit und Vertrauen vermittelt. Wir werden erwartet: was für ein tröstlicher Gedanke!

Wir sprechen vom Jahreskreis. Ein Kreis hat weder Anfang noch Ende. In allen Kulturen spielt der Kreis eine besondere Rolle. Eheleute stecken sich einen Ring an, Symbol für die ewige Liebe. Der Kreis stellt das Ewige, die Zeit- und Raumlosigkeit dar. Im Zen-Buddhismus steht er für die höchste Erleuchtung. Wir leben gesund, wenn unser Kreislauf intakt ist. Wir leben ganz, wenn wir die verschiedenen Phasen unserer Menschwerdung bejahen und durchleben: Als Kinder sind wir „Frühlingswesen", die noch auf Zuwendung und Halt angewiesen sind, als Erwachsene stehen wir mit unserer Kraft und mit unseren erworbenen Fähigkeiten und Einsichten wie die Sommersonne im Zenit des Daseins. Werden wir älter, beginnt der Herbst unseres Lebens. Haben wir vom Leben gelernt, dann dürfen wir gleichsam „reife Früchte" für andere Menschen sein, ihnen mit der Erfahrung dienen. Dann kehren wir zur Erde zurück. Oder ist es nur ein Teil von uns, der zur Erde zurückkehrt? Wenn wir uns nur schon einen Baum ansehen, dann ahnen wir die tieferen Schichten des Werdens und des Vergehens: Im Herbst fallen die Blätter von ihm ab. Man könnte bei seiner Betrachtung den Eindruck haben, er sei im Winter wie tot. Doch trägt er ja schon die Veranlagung für das neue Leben in sich. Wenn es wahr ist, dass alles Vergänglich nur ein Gleichnis für das Unvergängliche ist, dann dürfen wir am Bild des Baumes das neue Leben ablesen.

„Beim Anblick eines entblätterten Winterbaums
an den kommenden Frühling denken;
die Dinge im großen Zusammenhang
eines Werdens betrachten,
das ist das Geheimnis eines glücklichen Menschen."
John M. Smith

Ein Baustein in der alternativen Heilkunde ist die Vorstellung, dass der Mensch „eine umgekehrte Pflanze" sei. Das Leben der Pflanze beginnt, wenn sie den Erdboden durchbrochen hat. Das neue Leben des Menschen beginnt nach der jüdisch-christlichen Vorstellung nach dem Tod, weshalb die ersten Christen den Todestag als den wahren Geburtstag gefeiert haben. In den Katakomben finden wir das Bild des guten Hirten, der die Seele des Menschen erwartet und trägt. In vielen christlichen Kirchen sehen wir Maria, die Mutter, die das Kind auf den Armen trägt, ein Bild für unsere Seele, die getragen wird. Zugleich erinnert das Bild an die Mutter Erde, die uns trägt, die uns erträgt. Das Jahr wird zum Spiegel der Seele; in einem Jahr ist unser Leben, unser Gedeihen, unsere Verwandlung, unser Reifen zusammengefasst. Wenn wir die Jahreszeiten bewusst erleben, sie gestaltend deuten, dann erwacht unsere Seele. Das innere Licht der Freude gleicht den Farben, die im Herbst aufleuchten, die schon immer in den Blättern verborgen waren. Dann fühlt sich auch der innere Mensch getragen und behütet. Er spürt seinen Wesenskern, der im Wandel der Zeit bestehen bleibt. Gerade dies ist eine Erfahrung, die Lebensfreude schenken kann.

„Lebensfreude durch ein Leben mit der Natur" heißt dieses Kapitel. Wir Menschen sind natürliche Wesen und bleiben deshalb auf eine gesunde Natur, auf eine intakte Mitwelt angewiesen. Auch wenn wir uns heute oft in technischen Welten bewegen, in geschlossenen Räumen vor dem Bildschirm sitzen oder im Auto unterwegs sind. Zu den Bedingungen für Lebensfreude gehören auch: Tageslicht, frische Luft, genügend Bewegung und eine gesunde Ernährung. Letztere kann unsere Laune beeinflussen, auch wenn wir dies nicht auf den ersten Blick sehen. Bekanntlich macht Schokolade manche Menschen „glücklich". Ich denke aber auch daran, dass Abwechslung in der Nahrungsaufnahme und die Qualität der Produkte durchaus eine Wirkung auf unsere Stimmung haben. Wer z.B. immer „nur" Wurst und Brot isst, dem fehlen schon die Stoffe, die ein körperliches Wohlbefinden ausmachen. Wer hat sich nicht schon über ein liebevoll zubereitetes Menu gefreut? Kochsendungen sind heute „in". Oft werden sie als Unterhaltung angeschaut. Wer selber kocht, der merkt, dass es oft nicht so schnell geht. „Gut Ding will Weile haben", heißt es. Wir wissen auch: Das Auge „isst mit". Was schön angerichtet ist, erfreut das Herz.

Der Mensch ist, was er isst.

Wir können hier also festhalten: Der Mensch hat nicht „nur" Lebensfreude durch ein Leben mit der Natur, sondern auch durch ein natürliches Leben. Zu diesem gehört das gesunde Maß.

Viele Menschen sehnen sich heute wieder nach einem natürlichen Leben. Sie entdecken den Wert von selber gemachten Produkten. Kürzlich hat ein bekannter Sternekoch gesagt, er würde gerne mit alten Menschen kochen. Er könne viel von ihnen lernen. Viel Wissen über eine ausgewogene und gesunde Ernährung ist uns abhandengekommen.

Auch beim Essen in unserer Wohlstandsgesellschaft gilt: Der „Überdruss am Überfluss" in den reichen Ländern verdirbt die Lebensfreude. Wir schätzen den Wert der Speisen gar nicht mehr. Fastenzeiten entschlacken nicht nur den Körper, sie tun auch der Seele gut, was alle wissen, die zwischendurch die Nahrung reduzieren. Ein Apfel, ein Glas Wasser, ein Stück Brot werden dann zu einem Genuss. Dies liegt daran, dass der Geschmackssinn wieder „sensibilisiert" wird. Es mag paradox klingen, ist aber von Wissenschaftlern längst bestätigt worden: Wir können uns „gesund hungern". Gerade heute sind viele Lebensmittel mit Schadstoffen angereichert. Durch Fastentage befreien wir uns von ihnen.

Mit der leiblichen Gesundheit beginnt ein Leben mit Lebensfreude. Täglich nehmen wir mit vielen Lebensmitteln neben den genannten Schadstoffen auch zu viel Zucker auf. Viele Menschen, die sich oft müde, antriebslos fühlen und mit depressiven Verstimmungen leben, sollten vermehrt auf ihre Leber achten. Die Ursache könnte nämlich auch eine einseitige Ernährung sein, welche die Funktion dieses Organs beeinträchtigt. Die Leber ist der Sitz der Lebensfreude. Fachleute raten, möglichst viele Säfte und Bitterstoffe aufzunehmen. Sie helfen, den Körper zu entgiften. Hier will ich auch auf Saftkuren hinweisen. Körper und Seele bilden eine Einheit. Deswegen ist die Gesundheit die Grundlage für unser seelisches Wohlbefinden.

Ein natürliches Leben, natürliche Substanzen und Naturerscheinungen heilen und helfen uns. Sie bringen uns ins innere Gleichgewicht. Vielleicht ist das ein weiterer Grund, warum Menschen gerne ans Meer oder in die Berge fahren. Sie spüren die Erhabenheit der Welt und den Atem des Lebens. Aber auch schon der geheimnisvolle und wunderbare Gesang der Vögel in der Frühe lässt das größere Leben anklingen. Menschen spüren bei solchen Erscheinungen: Da ist etwas, das vor mir war, das noch ist, wenn ich nicht mehr da bin. Nach einem tiefen Schlaf fühlt sich der Mensch, als wäre er weit weg, in einer anderen Welt gewesen. Auch hier regt sich der geistige Mensch. Der Schlaf regeneriert ja bekanntlich den Körper, erfrischt oder erneuert ihn. Aber es bleibt immer etwas übrig, das nicht mehr erneuert werden kann. Deswegen altert der Mensch. Doch je älter der Mensch wird, desto mehr befreit sich der geistige Mensch wie aus einer Hülle. Das wird gewöhnlich nicht wahrgenommen. Ein Mensch mit einem gesunden Vertrauen kann dem Alter gelassen entgegensehen. Er besinnt sich gerade in dieser Zeit vermehrt auf die geistige Welt. Der Geist allein entdeckt und erfährt den Geist in der Welt. Wer das Geistige sehen will, der muss aktiv werden, es suchen und es spüren wollen. Dazu braucht der Mensch Mut zur Stille. Alles zu seiner Zeit. Im Alter haben wir uns auf den Übergang in die geistige Welt vorzubereiten. Wenn wir dann die vielen Zeugnisse derjenigen Menschen, die einmal Blicke über die Schwelle werfen durften, ernst nehmen, dann wird sich unsere Laune nicht trüben. Im Gegenteil: Sie berichten doch von einer Geborgenheit und Liebe, die alles übersteigen, was wir hier auf Erden als Liebe erfahren. Ist das nicht ein Grund zur Freude?

Der innere Mensch, der mit dem geistlichen Jahreskreis lebt, beginnt in einer höheren Ordnung zu atmen. Mit dem Weihnachtsfest und mit dem Pfingstfest erhält der innere Mensch die geistige Nahrung, verbindet er sich mit der tieferen Dimension des Lebens, wenn er diese Zeiten deutet und feiert. An Ostern und Himmelfahrt erhebt sich der Geist wieder. So wird das menschliche Wesen gelockert, gewinnt der ganze Mensch das richtige Verhältnis zur Erde und zum Himmel, findet er immer wieder die Mitte. Das Leben mit dem Jahreskreis verhilft dem inneren Menschen zu einem Leben, das seinem ganzen Wesen gerecht wird. Das kann nur der erfahren, der sich darauf einlässt. Es ist kein Zufall, dass wir Ostern und Weihnachten und die anderen Feste an besonderen Tagen feiern. Sensible Menschen spüren an diesen Tagen auch und gerade eine Stimmung in der Natur, eine Nähe der geistigen Welt, die guttut. Jeder kann die österliche Freude erfahren, wenn er sich dafür öffnet. Ostern kann man nicht machen, man kann aber die Auferstehungskraft erfahren.

Der innere Mensch braucht Zeiten, in denen er sich auf das Göttliche in sich und in der Welt besinnen kann. In der englischen Sprache gibt es für Urlaub das bedeutsame Wort „Holidays“ = heilige Tage. Dort, wo der Mensch bei sich selbst sein kann, dort ist er bei seinem heiligen Wesen, bei seinem göttlichen Kern. Doch weiß er das?

Oftmals lässt sich beobachten, wie in einer reizenden Landschaft friedvolle und liebevolle Menschen leben. Natürlich darf diese Erkenntnis nicht gepresst werden. Aber auch hier gilt wohl bis zu einem bestimmten Grad: Ausnahmen bestätigen die Regeln. Die Landschaft wirkt auf Menschen, prägt sie. Doch auch das Umgekehrte ist der Fall: Auch Menschen strahlen eine Landschaft aus, – eine innere Landschaft, eine seelische Atmosphäre. Man fühlt sich wohl in der Umgebung von gewissen Menschen. Gütige, friedvolle und liebevolle Naturen verbreiten eine entsprechende Energie und laden die Umgebung mit einer positiven Kraft auf. Ich spreche hier wirklich aus Erfahrung. Wer hat nicht schon erlebt, wie er gerne in der Nähe eines Menschen ist, der mit sich und der Welt im Einklang lebt? Ruhige Naturen ziehen uns in der Regel an. Sie sind offen für andere. Wir spüren ihre Offenheit. Dann wagen wir es, uns ihnen zu nähern. Wenn wir also selber diese Eigenschaften einüben und leben, dann wirken wir anziehend auf andere Menschen. Also, wie gelingen Begegnungen, die uns und andere mit Freude leben lassen? Indem wir einander „beob-achten", d.h. in ihrer Einmaligkeit und mit ihren Grenzen achten und immer genau hinsehen, was sie leiden lässt, was sie uns zu sagen haben!

Es gehen zwei Menschen durch die gleiche Landschaft. Der eine empfindet nichts dabei, ihm sagt die Landschaft nichts; sie spricht ihn nicht an. Der andere Mensch dagegen empfindet einen inneren Reichtum, ein inneres Glücksgefühl. Die Erscheinungen der Umwelt versetzen ihn ins Staunen, faszinieren und inspirieren ihn. Warum? Der Mensch, der so angeregt, innerlich bewegt und belebt wird, ist bereits einen Weg gegangen. Er hat Kräfte mobilisiert, er hat sich formen lassen, was wohl nicht unbedingt immer angenehm für ihn war. Dadurch aber hat eine höhere Macht sein Wesen geöffnet, sodass er nun empfänglich ist für die „neue Welt". Wer sieht die neue Welt? Der, der dankt. Ich kann das – zugegeben – nicht beweisen; aber ich habe es im Leben beobachtet. Dankbare Naturen scheinen mir ganz einfach glücklich und zufrieden zu sein. Interessanterweise erlebe ich bei diesen Menschen auch wieder Offenheit! Mir kommt es also so vor, als würden tugendreiche Menschen von Stufe zu Stufe gehoben!

Angefangen habe ich dieses Kapitel mit Aufenthalte in der Natur, die uns gute Laune schenken. Gerade die verschiedenen Stimmungen, die wir bei uns in Mitteleuropa durch die verschiedenen Jahreszeiten erleben, spiegeln sich in unserer Seele wider. Sie schenken uns Freude! Eine Landschaft sieht anders aus, wenn im Spätsommer die Schatten stärker werden oder die Getreidefelder leuchten. Der erste Schnee „verzuckert" die Berge. In klaren Nächten „baden wir im Sternenmeer" und ahnen die Erhabenheit und Größe des Daseins. Im Frühjahr sehen wir ein Meer von blühenden Bäumen. Ich könnte noch viel mehr aufzählen. All diese Erscheinungen faszinieren nicht nur, sie tragen auch unsere Seele. Wenn wir die Zeiten deuten, deuten wir unser Seelenleben, spüren wir, was uns trägt, was uns guttut.

Angekommen bin ich bei der Dankbarkeit. Wenn wir diese Erscheinungen auf uns wirken lassen, steigt doch das Gefühl der Dankbarkeit in uns auf. Sie schenkt Freude, gute Laune!

Was sagen ältere Menschen, Menschen, die wissen, dass sie nicht mehr lange leben werden? Sie sagen: „Wenn ich nochmals jung wäre, das Leben noch vor mir hätte, dann würde ich viel mehr die Natur erfahren. Ich würde mehr in den Wald gehen, mehr in einem See schwimmen, mir Zeit nehmen für die vielen Erscheinungen der Natur. Ich würde mir weniger Sorgen machen, mehr lachen, mehr im Augenblick leben, mehr lieben, verrückte Dinge tun!"

Es ist erstaunlich, kürzlich hat eine Lehrerin bei Schülern der 5. Klasse, übrigens alles Buben, eine Umfrage zum Thema „Glück" gemacht. (Glück schafft gute Laune, oder nicht?) Die jungen Menschen sollten aufschreiben, was für sie „Glück" bedeutet. Man muss vielleicht dazu sagen, dass es Schüler einer ländlichen Gegend waren. Die deshalb wohl eher noch unbelasteten jungen Menschen kamen zu einem ähnlichen Schluss wie die erwähnten alten Menschen, die im Rückblick auf ihr vergangenes Leben aufgezählt haben, was sie tun würden, wenn sie noch einmal jung wären.

Folgende Zeilen haben die Jungen geschrieben:
„Immer das Gute sehen im Leben."
„Nicht gierig sein."
„Freundschaften suchen und pflegen."
„Nur Sachen machen, die Spaß machen."
„So viel wie möglich lachen."
„Immer freundlich sein."
„Hilfsbereit sein."
„An Gott glauben."
„Mit seinem Mitmenschen freundlich sein."

Ergänzung eines anderen Jungen:
„Von geliebten Menschen umgeben sein."
„Sei du selbst."
„Schöne Momente genießen."
„Sei nett und teile."
„Habe Sorge zur Natur und sie wird dich nicht verschlucken."
„Steh auf und mach weiter."
„Teile deine Freude."
„Bewundere die Welt."

Weitere Ergänzungen anderer Schüler:
„Spielen."
„Essen, Trinken."
„Familie."
„Feiern."

„Mach was mit dir."
„Sei gut gelaunt."

Meine Kollegin hat mir diese Aufzählungen gezeigt, nachdem ich schon fast mit dem Buch fertig war. Sie war verblüfft über die Aussagen, ich auch. Ja, von älteren Menschen können wir viel lernen. Wir können aber auch von jungen Menschen lernen. Oft haben sie sich erhalten, was wir vergessen, verloren oder verdrängt haben. Viele von uns müssen es in Büchern lesen, viele Kinder leben es, dürfen es noch leben. Gerade wenn Menschen noch in einem natürlichen Umfeld aufwachsen, haben sie ein gutes Gespür für das, was gute Laune macht und Glück bedeutet. Die Schüler sind geradezu eine Bestätigung dafür.

Und wir können von Babys lernen, mehr zu vertrauen, mehr zu lächeln, mehr zu schlafen…

Junge und alte Menschen weisen auf die Natur und das natürliche Leben hin, die unser Glück und damit die Lebensfreude ausmachen. Die Liebe zur Natur vereint die Menschen. In unserer Zeit stehen viele machtlos der Zerstörung der Mitwelt gegenüber. Jeder und jede kann und muss sich fragen: Was tue ich für den Erhalt einer gesunden Mitwelt? Erst wenn wir die Wunder der Schöpfung wieder sehen, sie mit dem Herzen aufnehmen, werden wir sie wieder achten. Aus Japan stammen folgende Zeilen.

Im Frühling sind die Blüten,
im Herbst der Mond,
im Sommer ein erfrischender Luftzug
und im Winter der Schnee.

Was brauch ich sonst?
Jede Stunde des Tags
ist für mich eine Stunde der Freude.

6.
Lebensfreude durch Rituale

Vor vielen Jahren war ich in einer Stadt tätig. Einmal in der Woche gönnte ich mir ein Mittagessen in einem Restaurant, das um diese Zeit von wenigen Gästen besucht wurde. Mir war es recht, denn ich schätzte die Stille. Es war ein gewöhnliches Lokal. Der Kellner, ein Südländer, war ruhig, höflich und diskret. Ich bestellte mir jeweils ein kleines Fläschchen Mineral, bevor ich mich für das Essen entschied. Nach einiger Zeit brachte mir dieser Kellner nach der Begrüßung ohne eine Bestellung meinerseits das Wasser mit der aktuellen Speisekarte. Beim ersten Mal war ich erstaunt darüber. Doch bald begriff ich: Dieser Mann wollte mir gleichsam sagen: „Ich kenne deine Vorliebe, ich will dir deinen Wunsch erfüllen." Tatsächlich hat mich diese kleine Geste beeindruckt. Es war ein Ritual, das ein anderer Mensch als solches erkannt hat. Wenn wir wissen, was der andere Mensch will, wenn wir ihm diesen Wunsch erfüllen, dann werten wir ihn auf. Wir zeigen ihm unsere Liebe. Das kann zu einem Ritual werden. Wenn Männer ihren Frauen zum Valentinstag Blumen schenken, dann ist das ein Ritual. (Es muss also nicht immer das schlechte Gewissen sein. Denn wenn wir ehrlich sind, rechnen die wenigsten Frauen die Liebestaten auf. Oft geben sie mehr, als wir Männer verdient haben.)

Rituale geben unserem Leben einen Rahmen. Sie sind sinnvoll und nötig, weil sie uns ein Gefühl der Geborgenheit vermitteln. Ich könnte auch schreiben: Sie geben dem inneren Menschen einen Halt. Zum Beispiel kann es ein Ritual sein, sich jeden Tag dreimal zu überlegen, was einem Freude macht. Dies fördert Ihre gute Laune.

Überlegen Sie sich jetzt,
was Ihnen guttut, worauf Sie sich freuen.

Es gibt kleinere und größere Rituale. Ein Ritual habe ich zu Beginn schon angeführt: Gerade in der lärmigen Welt sollte der Mensch sich am Morgen, unmittelbar nach dem Aufwachen, eine Zeit reservieren, in der er ganz bei sich ist. Ich denke dabei nicht an Ereignisse des bevorstehenden Tages, sondern versuche, mich in der Liebe des Universums zu spüren. (Wenn Ihnen eine religiöse Sprache vertraut ist, können sie dieser Liebe auch den Namen „Gott“ oder „Christus“ geben.) Sie können diese Auszeit mit einer Verbeugung beenden. Sie können sie abschließen mit den Worten:

„Mich gibt es nur einmal. Ich bin einzigartig.“
„Ich habe eine absolute Daseinsberechtigung.
Ich trage die Kraft in mir, die ich brauche.“

Größere Rituale können sein:

Gestatten Sie sich einmal im Monat einen Wüstentag. Dann gehen Sie an einen Ort, an dem Sie noch nie waren. Es kann auch derselbe Ort sein, wenn Sie sich an diesem Fleck wohlfühlen.

In jeder Jahreszeit buchen Sie ein Weekend in einem schönen Hotel. Sie lassen sich dann verwöhnen, gönnen sich eine Massage oder ein gutes Essen.

„Viele Menschen versäumen das kleine Glück,
während sie auf das Große vergebens warten."
Pearl S. Buck

Deshalb sollten Sie sich etwas gönnen, so lange Sie es noch mit allen Sinnen erleben können. Bekanntlich ist es besser, zu genießen und zu bereuen, als zu bereuen, dass man nicht genossen hat. Dazu gehört, dass wir auch Abwechslung in unser Leben bringen.

Im Zusammenhang mit „Rituale" möchte ich nochmals auf das schon behandelte Thema „Loslassen" hinweisen: Legen wir am Abend mit unseren Kleidern auch unsere Sorgen ab. Verscheuchen wir Gedanken, die uns belasten, die z.B. aus Sorgen im Beruf bestehen. Wir können die Situation nicht ändern, indem wir uns schlaflos im Bett herumwälzen.

Ein Ritual kann es auch sein, wenn man sich einmal im Monat, oder im Vierteljahr, ein neues Kleidungstück kauft. „Die Rose, die sich selber schmückt, schmückt auch den Garten." Die Kleidung ist nicht ganz unwichtig, auch wenn wir Menschen nicht über sie urteilen sollten. Wer sich gut kleidet, wertet sich und die Umgebung auf. So gesehen steckt im Sprichwort

Woher komm ich? Wohin gehe ich?
Und vor allem: Was ziehe ich dazu an?

eine kleine Wahrheit. Denn wenn diese Übertreibung uns zum Schmunzeln anregt, so kann eine passende Kleidung uns doch Türen öffnen, die Durchgangspforten auf unserem Weg sind. Man denke nur daran, wie die Kleidung einfach sein kann, aber passend im Sinne von authentisch, wenn der andere Mensch sich für uns interessieren soll. Wie wir mit unserem Körper umgehen, so gehen wir auch mit unserer Seele um.

Ein gemeinsames Essen, das man einmal, zweimal oder gar dreimal in der Woche zelebriert, worauf man sich freut, ist ein weiteres Ritual, das Lebensfreude vermittelt. Liebe geht bekanntlich durch den Magen. Es gibt viele Rituale in Familien, in Partnerschaften. Man trifft sich zum Beispiel einmal im Monat in einem bestimmten Lokal. Auch ein Single kann für sich ein solches Ritual festlegen. Zu Beginn habe ich über die Besuche in einem Restaurant geschrieben. Im letzten Kapitel habe ich im Zusammenhang mit dem inneren Mitgehen durch die Zeiten über die Jahresfeste geschrieben. Gerade sie wollen uns zu einem wichtigen Ritual motivieren: Feiern wir sie mit einem besonderen Essen, das zur Jahreszeit passt. Wir können das auch zu Hause tun, wenn wir den Aufwand nicht scheuen. Es gibt wohl keine bessere Wertschätzung eines Menschen, als ihn zum Essen einzuladen, das man mit Liebe zubereitet hat.

„Ein Leben ohne Feste
ist wie eine weite Reise ohne Gasthaus."
Demokrit

An jedem Tag können wir ein kleines Fest feiern, wenn wir bewusst eine Mahlzeit einnehmen. Wer sich die Zeit dafür spart, der verliert den Wert des Tages. Wer keinen freien Tag mehr in der Woche hat, dessen Zeit besteht nur noch aus Arbeit, dessen Leben wird grau und eintönig. Verlieren Sie nicht die kostbare Zeit, die Zeit der guten Laune, indem Sie meinen, Zeit zu sparen, weil Sie mehr arbeiten. Denn viele verlieren die meiste Zeit damit, dass sie Zeit gewinnen wollen.

Über die tägliche Auszeit in Form einer Meditation habe ich im zweiten Kapitel schon geschrieben. Hier muss sie der Vollständigkeit halber wiederholt werden. Darüber hinaus treffen sich religiöse Menschen regelmäßig zu einer gemeinsamen Feier. Mit dieser deuten sie das Leben und bestärken sie sich gegenseitig. Ich will hier nicht missionieren, aber wer längere Zeit einer solchen Handlung beiwohnt, dem schenkt sie Kraft und Halt. Es kommt hier eben auf die Wiederholung des Rituals an.

Für mich ist es ein wertvolles Ritual, dass ich abends in Gedanken kurz den vergangenen Tag durchgehe. Es hilft mir, den Tag loszulassen. Dabei bin ich dankbar. Ich danke für die schönen Erfahrungen, ich danke auch für die schwierigen Situationen, denn von ihnen kann ich für die Zukunft lernen.

Überlegen wir uns auch, welche Rituale uns am Arbeitsplatz guttun. Wir sollten auf die Kaffeepause nicht verzichten, um Zeit zu sparen. Vielleicht ergibt sich nämlich gerade dort eine Gelegenheit, mit Kollegen ins Gespräch zu kommen und von ihnen zu profitieren.

Es kann ein Ritual sein, zu einer bestimmten Stunde den Körper mit ein paar Dehnungsübungen aufzulockern, via Internet ein Musikvideo zu hören und zu sehen, ein paar Minuten aus dem Fenster zu schauen. Wenn Sie Google Earth haben, können Sie sich auch virtuell an Ihr bevorzugtes Urlaubdomizil begeben.

Oder man schließe alle zwei Stunden fünf Minuten lang die Augen. Dabei können wir Gedanken loslassen oder unser Bewusstsein mit einem meditativen Text füllen:

„Ich werde geliebt. Ich bin in der Liebe des Universums. Es geht mir gut. Ich bin zufrieden. Ich habe die Kraft, die ich brauche. Ich freue mich auf …“

Sie können den Text für sich anpassen. Oder Sie können einen eigenen Text verfassen. Vielleicht wollen Sie den untenstehenden Text als Erinnerungshilfe kopieren, in die Schublade legen oder in die Agenda einkleben?

> Sage dir täglich: „Ich weiß, dass ich geliebt werde.“
> Denn wenn du es dir sagst, dann weißt du es.
> Und wenn du es weißt, dann spürst du es.
> Und wenn du spürst, wie du geliebt wirst, dann kannst du selber lieben.
> Und wenn du selber liebst, dann wirst du immer mehr geliebt.
> Und wenn du immer mehr geliebt wirst, dann wird dein Dasein zur Freude.

Es sind heitere Momente, die uns Freude machen und unsere gute Laune bewirken. Dazu gehört auch der Humor. Doch Humor lässt sich irgendwie nicht machen. Wir lachen, wenn einer einen Witz erzählt. Oder wir amüsieren uns durch komische Situationen, die dem nüchternen Ablauf des Alltags widersprechen. Und doch: Warum sich nicht (von Zeit zu Zeit) einmal im Theater eine Komödie gönnen, ein entsprechendes Video sehen, im Netz eine Witz-Seite besuchen? Lachen entspannt, Lachen befreit, Lachen vertreibt die Falten! Es gibt genügend traurige Momente im Leben.

Immer wieder fällt mir auf, wie Kinder und Jugendliche viel mehr lachen. Ist uns Erwachsenen das Lachen vergangen? Was ist die Alternative? Lernen wir von den jungen Menschen! Kinder lachen täglich 400-mal, Erwachsene dagegen 20-mal. Sie denken jetzt: Ja, Kinder und Jugendliche müssen auch nicht die Verantwortung der Erwachsenen tragen. Ich aber meine: Die jungen Menschen haben weder Geld noch Beruf. Sie sind eigentlich völlig abhängig von der Gesellschaft. Wenn man dies zu Ende denkt, dann ist der Mensch, der lacht, ein Wesen, das sich seine Freiheit in der Abhängigkeit bewahrt.

Vor vielen Jahren habe ich einmal geschrieben:

„Wenn wir die Botschaft des Clowns nicht mehr verstehen, dann stehen wir in der Gefahr, dass unsere „Zirkusvorstellung“ mit einer misslungenen Raubtiernummer endet. Es ist ein gutes Zeichen, wenn ein Mensch über sich selbst lacht. Er beweist damit eine innere Größe, eine gesunde Distanz zum Leben. Humor heilt Seelen. Humor ist nicht Blödsinn; ein guter Witz enthält immer ein Fünkchen Wahrheit. Diese gilt es zu sehen. Und ist es nicht so: Heiterkeit öffnet viele Türen? Wie blicken doch Menschen gerne in ein strahlendes Gesicht! Es ist wie eine kleine Sonne, die mitten im grauen Alltag aufscheint und die Umgebung verwandelt.

Echter Humor vertreibt das Böse in der Welt, weil er es erlöst. Verkrampfungen lösen sich. Wer andere Menschen mit Humor ansteckt, der verbindet Menschen. Diese fühlen sich in der Gegenwart wohl, wo Menschen miteinander lachen. Und auch hier beachte man wieder den Leib, wie sich beim Lachen die Muskeln entspannen.“

Was den Humor verflüchtigen lässt: In unserer Gesellschaft muss alles immer schneller gehen. Fachleute und Statistiken zeigen auf, dass in den kommenden Jahren vermehrt Menschen an Depressionen erkranken. Die Anforderungen im Beruf wachsen. Hinzu kommen die Veränderungen, die uns nicht zur Ruhe kommen lassen. Man muss auf dem neuesten Stand sein, um mitreden zu können. Jemand hat einmal den Begriff „die erschöpfte Gesellschaft" für unsere Zeit geprägt. In einer solchen Situation sind Rituale besonders wichtig. Sie vermitteln Geborgenheit. Sie sind wie Inseln in den Stürmen unseres Daseins:

- Tägliche Auszeiten, Stilleübungen
- Ein Ort der Geborgenheit aufsuchen, wo wir nicht gestört werden
- Alltagsgedanken loslassen
- Die Feste feiern, sie nicht verschieben
- Ruhetage, Ferien einhalten
- Eine kreative Tätigkeit ausüben
- Sich regelmäßig etwas gönnen
- Musik hören
- Die Natur erfahren, sich bewegen
- Genügend schlafen
- Beziehungen pflegen

Vielleicht müssen wir auch einmal die Anforderung, die wir selber an uns gestellt haben oder stellen, kritisch überprüfen. Wo sind wir überfordert? Was können wir dagegen tun? Wer hilft uns?

Hier möchte ich zwölf Punkte anführen, die Ihnen zu einer guten Laune verhelfen. Es könnte ein Ritual sein, diese, auf einen Monatskalender gedruckt, der Sie durch das Jahr begleitet, täglich zu lesen. In Internet gibt es Angebote, einen solchen Kalender mit eigenen Fotos oder eigenen Bildern zu gestalten. Selbstverständlich sind das nur Vorschläge. Vielleicht gibt es andere Aussagen, die Ihnen wichtig sind. Oder Sie halten andere Sätze in diesem Buch für geeigneter.

- Gedanken über das, was Ihnen im Leben Freude macht, machen Sie glücklich. „Ich freue mich auf …" (Gehen Sie in Gedanken durch, worüber Sie sich freuen. Tragen Sie z.B. Ihr Hobby ein.)
- „Wenn ich mit guter Laune leben will, reserviere ich mir Zeit für…" Ein gutgelaunter Mensch sagt „ja" zum Leben, zu den Aufgaben, zu den Herausforderungen. Er sagt auch „ja" zu seinen Grenzen und nimmt sich an, wie er ist.
- „In Freude lebe ich dieses Leben, mit einem Lächeln um die Lippen."
- „Wenn ich mein Herz öffne, gehen viele Türen von alleine auf!"
- „Ja sagen zum Leben heißt auch ja sagen zu mir selbst."
- „Ich darf mir selber erlauben, glücklich zu sein!"
- „Wenn ich mich durch regelmäßiges Beten der göttlichen Wirklichkeit öffne, dann fühle ich immer stärker die geistige Führung, die mich trägt und begleitet:…" (Hier könnten Sie ein Gebet drucken, das Sie anspricht.)
- „Wenn ich mein Leben als Geschenk betrachte, werde ich glücklich und mit guter Laune leben! Ich danke für …"
- „Zu dieser Zeit gönne ich mir eine Pause: … An diesem Tag nehme ich mir eine Auszeit: …Ich übe täglich in der Stille ein, mache mir bewusst, dass ich behütet bin und getragen werde."

- „Ich wage Begegnungen, nehme mir Zeit, anderen Menschen zu begegnen, mit ihnen ins Gespräch zu kommen!“
- „Ich finde einen Sinn im Leben, indem ich einer geistigen Führung vertraue, die sich um mich sorgt. So habe ich die Kraft, um mein Leben zu bewältigen!“ Hier können Sie die Namen Ihrer Begleitengel notieren. (Sie haben doch schon die Namen für sie gefunden? Wenn nicht, dann tun Sie dies! Hören Sie einfach auf Ihre innere Stimme!)
- „Die Liebe, die ich verschenke, macht mich glücklich, vermittelt Lebensfreude. Es gibt kein größeres Glück als die Hingabe, als zu lieben. Was tue ich heute konkret? Wem kann ich eine Liebestat schenken?“

Apropos „eigene Bilder“: Ein sinnvolles und sehr wichtiges Ritual ist eine eigene kreative Tätigkeit: malen, musizieren, singen, tanzen, spielen, basteln, schreiben, oder eben fotografieren, oder... Reservieren Sie sich jede Woche dafür eine oder mehrere Stunden. Plötzlich oder irgendeinmal gelingen Ihnen ein Text, ein Bild, ein Foto, die Sie in gute Laune versetzen!

Es gibt vermutlich einige Rituale in unserem Leben, an die wir oft gar nicht denken. Wer zum Beispiel jedes Jahr im Advent einen Adventsmarkt besucht, für den sind diese Einstimmungen in die Weihnachtszeit ein wiederkehrendes Ritual. Auch die oben schon genannten Feste, Weihnachten, Silvester u.a. sind Rituale. Wir feiern ja auch den Hochzeitstag, die Geburtstage und die Namenstage. Wie eintönig wäre unser Leben ohne diese Tage! Indem wir sie feiern, werten wir uns gegenseitig auf. Dies schenkt Lebensfreude! Unser Leben wird ärmer ohne Rituale. Man soll „die Feste feiern, wie sie fallen“, sagt der Volksmund. Tun wir das, dann können wir uns immer wieder auf etwas freuen!

Eine gute Möglichkeit ist auch der Jahreszeiten-Tisch. Viele entdecken heute wieder, wie man das Haus oder eine besondere Stelle entsprechend der Jahreszeit dekorieren kann. Besonders für Kinder ist das eine gute Möglichkeit, die besondere Schwingung und Stimmung der jeweiligen Jahreszeit zu erfahren. Aber den Erwachsenen tut das ebenso gut!

Auch Traditionen, die wir pflegen, können Rituale sein. Hier wäre das Brauchtum zu nennen. Volksbräuche, Volksfeste bilden und stabilisieren die Gemeinschaft, vermitteln das Gefühl der Zugehörigkeit und Identität. Heute vermischen sich mehr und mehr die Kulturen. Viele Menschen bezeichnen sich als „Weltbürger“. Gerade die Digitalisierung ermöglicht es Menschen, die Heimat zu verlassen. In Gesprächen wird jedoch deutlich, dass auch solche Menschen ihre Wurzeln haben. Nicht etwa in einem krisengeschüttelten Land, sondern in der Schweiz, wo es noch viele Traditionen und Bräuche gibt, hat kürzlich bei einer größeren Untersuchung über die Hälfte der Befragten die Meinung vertreten, dass ihre Heimat bedroht sei. „Heimat ist dort, wo Menschen sind, die ich liebe, die mich lieben“, sagen heute viele. Wenn Menschen ihre Rituale mit ins Ausland nehmen, dann scheint in ihrem Leben etwas auf, das schöne Erinnerungen weckt, das sie in positive Stimmung versetzt.

Hier noch ein paar praktische Empfehlungen für den Alltag:

Es ist in jedem Fall sinnvoll, den Wecker so zu stellen, dass man noch einige Minuten (möglichst) in der Stille im Bett bleiben kann. Wer meint, er würde dann wieder einschlafen, kann ja einen zweiten Alarm einstellen oder die Wiederholungsfunktion aktivieren. Doch wer sich genügend Schlaf gönnt, der wird das nicht brauchen. Genügend Schlaf ist die Voraussetzung für ein gesundes Leben mit guter Laune. Denn genügend Schlaf stärkt das Wohlbefinden. Ich selber habe oft beobachtet, dass ich mich viel weniger aufrege oder ärgere, wenn ich meine Schlafzeiten einhalten konnte. Im Zusammenhang mit den Ritualen wäre es optimal, möglichst zur gleichen Zeit ins Bett zu gehen, einen Rhythmus zu haben. Hirnforscher bestätigen, dass wir krank werden, wenn wir über längere Zeit die „innere Uhr" ignorieren. Durch unsere Augen stehen wir in einer Verbindung mit der Welt. Hier spielt das Licht eine wesentliche Rolle. Der Wechsel zwischen Tag und Nacht (Licht und Finsternis) legt den biologischen „Taktfahrplan" fest. Wird dieser gestört, kann dies mit der Zeit zu Stoffwechselstörungen oder psychischen Störungen führen. Weitere Ursachen für diese können sein: Essen zur falschen Zeit, Jetlag und längere Stressphasen.

In der Zeit nach dem Aufwachen, ich empfehle zehn Minuten, sollten uns noch keine schweren Gedanken belasten. Genießen wir einfach die Stille. (Unser Schlafplatz richten wir möglichst an einem stillen Ort ein.) Zuerst denke ich an die verschiedenen Körperteile und die Organe. Ich bin dankbar für meinen Körper, der mir das Leben hier auf Erden ermöglicht. Bewährt hat sich, dass ich versuche, mich von außen zu betrachten, wie ich entspannt auf dem Bett liege. Dabei sage ich mir: „Du darfst dir diese Stille gönnen. Du wirst geliebt. Es geht dir gut." Dann wiederhole ich mehrmals: „Ich bin ruhig." Ich atme bewusst, achte auf meinen Atem. Dann sage ich mir mehrmals, dass ich geliebt werde.

Nur wenig Menschen rufen sich am Morgen in Erinnerung, wie sie mit geringem Aufwand dem neuen Tag Glück und

Freude abgewinnen. Nach den Minuten in der Stille nehmen wir bewusst Kontakt mit der Welt auf. Ein kleines Ritual würde helfen: Man ziehe bewusst die Brille der Dankbarkeit an, stehe mit ihr auf. Das erfordert Disziplin. Schon bei der ersten Meldung aus dem Radio, beim ersten Blick auf die Schlagzeile der Zeitung, die aus dem Briefkasten geholt wird, wird der Vorsatz wieder vergessen. Aber ist das Leben nicht eine Art Schule? Habe ich nicht den neuen Tag bekommen, um wieder neu anzufangen? Ich halte mich nicht daran auf, wenn es mir einmal nicht gelungen ist, diese Brille weiter zu tragen. Vielen scheinbar mühsamen Angelegenheiten kann man bei genauer Betrachtung eine positive Seite abgewinnen. Wer eine solche wirklich nicht entdeckt, der darf sich sagen, wie die Zukunft sie ihm einmal offenbaren wird. Ein äußeres Hilfsmittel erleichtert das Festhalten am Vorsatz: Wenn ich ihn mit dem Anziehen des Hemdes fasse, dann wird dieses mich im Laufe des Tages wieder an ihn erinnern, wenn ich bewusst lebe, Zeiten der Stille reserviere. Das können wenige Minuten sein. Diese aber sind sehr wichtig.

Weitere Übungen finden Sie in meinem Buch „Im Einklang mit sich und der Welt leben. Die Kräfte der Natur nutzen für mehr Lebensqualität“.

Mit guter Laune stehen wir auf, wenn wir uns auf etwas freuen. Belohnen wir uns selber, wenn wir eine größere Arbeit oder ein langweilige Arbeit abgeschlossen haben. Machen wir diese Belohnung zu einem Ritual. Das mag banal klingen, doch viele Menschen sparen bei sich selbst. Oft denke ich: für wen oder was? Für die Kinder und Enkel? Gut, aber wir dürfen auch bis zu einem gewissen Grad „auf Kosten unserer Erben“ leben, wie es einmal ein älterer Mann gesagt hat, der seine Kinder und Enkel über alles liebt. Da gibt es Ausnahmen: Wir dürfen z.B. keinesfalls in ökologischer Hinsicht auf Kosten der Erben leben!

Dann gibt es auch schlechte Rituale, die wir durchschauen sollten, weil sie uns die Lebensfreude verderben: Ich kannte eine Mutter, die wie automatisch zum Fernsehgerät ging, wenn die Abendnachrichten ausgestrahlt wurden. Was glauben Sie, was für Nachrichten wurden gesendet? Schlechte, denn nur schlechte Nachrichten sind gute Nachrichten, weil sie uns ins Auge fallen. Das ist paradox. Warum scheinen schlechte Nachrichten Menschen zu faszinieren? Warum sind Krimis beliebt? Warum werden die Ereignisse des Zweiten Weltkrieges immer wieder gebracht? Psychologisch gesehen versuchen Menschen damit, das Dunkle, das Schwere im eigenen Leben zu überdecken. Doch ist das die Lösung? Ist das Verdrängen der dunklen Seite die Lösung? Warum ersetzen wir die schlechten Rituale nicht durch gute? Nur gute Rituale schenken uns Lebensfreude. Ich greife hier bewusst nochmals einige der oben genannten Punkte auf und konkretisiere sie.

- Regelmäßiges Beten im Vertrauen, dass die höhere Führung mir hilft.
- Jede Stunde aufzählen, was mich freut, wofür ich dankbar bin.
- Am Morgen ein leckeres Frühstück genießen.
- Am Abend den Tag mit deinem Dankgebet abschließen.
- Ein paar Seiten in einem guten Buch lesen.
- Einen spirituellen Krafttext täglich meditieren.
- Eine halbe Stunde durch den Wald spazieren. Auch Sonnenlicht tanken.
- Ein Lied hören oder spielen, tanzen, sich freuen auf…

Welche Rituale kennen Sie? Gibt es Rituale, die Sie nicht mehr pflegen? Warum nicht? Wir können ja auch neue Rituale erfinden! Unsere Fantasie ist gefragt.

Die moderne Psychologie bestätigt den Wert und den Sinn der Rituale. Es gibt solche, die uns zur guten Laune verhelfen, weil sie uns an unseren Schutz erinnern. So benetzen in ländlichen Gegenden gläubige Menschen den Mittelfinger mit geweihtem Wasser und schlagen das Kreuzzeichen über Stirn und Brust. Sie erinnern sich damit an ihre Taufe, an die Verbundenheit mit Christus, dem Erlöser, und an den Schutz der geistigen Wesen, die sie gleichzeitig damit anrufen.

Zum Schluss drei provokative Fragen: Brauchen wir heute den Erlöser nicht mehr, weil wir wirklich erlöst sind? Würden Sie sich als erlöst bezeichnen? Wenn ja: Dann leben Sie beständig mit einer guten Laune. Wenn nein: Dann hat Ihnen der Erlöser noch einiges zu bieten! Und er, oder wenn Sie es weniger religiös wollen, das Universum will, dass Sie glücklich sind und mit guter Laune leben!

Sind unsere Tage, Alltage, so unerlöst, weil wir keinen besonderen Ruhetag mehr haben? Früher war der Sonntag allgemein als Ruhetag anerkannt. Es herrschte Ruhe. Heute leiden wir mehr und mehr auch an diesem Tag an Lärm. Was können wir tun?

7.
Lebensfreude durch Verständnis und Mitgefühl

Ich konnte mich beherrschen. Und ich gebe zu: Ein wenig war ich stolz auf mich. Was ist passiert? Ich hatte einen kleinen Betrag einzuzahlen. Die Angestellte am Schalter hat mir den selber ausgedruckten Einzahlungsschein zurückgegeben mit der Bemerkung, dies sei keine von der Post zugeschickte Rechnung, sondern eine E-Mail, die ich online bezahlen müsste. Dabei hatte ich einen Tag zuvor noch auf diese Weise eine Rechnung beglichen. Sofort habe ich mich an meinen Grundsatz erinnert: innehalten, Abstand wahren, durchatmen, lächeln. Doch ich spürte einen Widerstand in mir: „Warum geht das jetzt plötzlich nicht mehr?“ Mir war klar, man will uns dazu bewegen, alle Geschäfte via elektronischer Übermittlung zu erledigen, um so Geld zu sparen. Einen Moment lang habe ich mir überlegt, der jungen Frau zu sagen: „Wenn Sie das unterstützen, werden Sie bald arbeitslos sein, dann werden Sie durch eine Maschine ersetzt.“ Doch ich ließ es, ging auf dem Rückweg bei einer anderen Poststelle vorbei, wo eine ältere und gesetztere Frau mir ohne Zögern den Betrag überwies. Am Abend dachte ich kurz daran, mich bei der Direktion über die junge Frau zu beschweren. Dann habe ich mir Folgendes überlegt: Vielleicht war es einfach nicht ihr Tag. Sie war jung, man hat ihr in der Ausbildung deutlich gemacht, sie solle Kunden möglichst dazu bewegen, keine Bareinzahlungen mehr zu tätigen. Kurz: Ich habe versucht, mich in die Person hineinzudenken. Junge Menschen müssen Erfahrungen sammeln. Ist es mir nicht selber so gegangen? Nach meiner Ausbildung war ich vollgestopft mit den Lektionen derjenigen, die uns ausgebildet haben. Klar, wir sollten schon „kritisch denken", dabei aber bitte immer schön die gelernten Anweisungen befolgen. Wo kämen wir hin, wenn Menschen plötzlich selber denken? Auch ich selber habe erst im Laufe der Zeit gelernt, lieber „mal alle Fünfe gerade sein zu lassen", d.h. die Aufträge mit einer inneren Beweglichkeit auszuführen. Übrigens zahlt es sich aus, wenn man in der Geschäftswelt hie und da durch eine großzügige Geste Menschen Freude bereitet.

Als Gast in einem Hotel hat man mich einmal um Viertel vor elf aufs Zimmer angerufen, um mich daran zu erinnern, dass in einer Viertelstunde meine Zeit im Hotel abgelaufen sei. In einem anderen Hotel hat man mir um dieselbe Zeit das Angebot gemacht, ein Frühstücksei mit Beilage nach meinem Geschmack zu kochen. Dies mit der Bemerkung, ich solle es genießen und mir Zeit lassen. Das Ergebnis: Seit Jahren steige ich im letztgenannten Hotel ab. Ich fühle mich in diesem Haus willkommen und geborgen.

„Kleinigkeit spaltet,
Großzügigkeit verbindet."
Emma Goldman

Zum Kern derjenigen Menschen, die das Geheimnis von Verständnis und Mitgefühl erkannt haben, gehört die Einsicht, dass wir gerade die Menschen lieben sollten, die es am wenigsten verdient haben. Denn sie brauchen unser Wohlwollen, unser Liebe am meisten! Wir erlösen sie mit unserer Liebe. Erst so werden sie sich öffnen, werden sie lieben und liebenswert sein können. Die Erfahrung zeigt, dass diese Menschen uns in Dankbarkeit zur Seite stehen.

Sie werden sich vielleicht fragen: Was haben Verständnis und Mitgefühl mit Lebensfreude zu tun? Das eben angeführte Beispiel aus dem Alltag zeigt: Bringe ich Verständnis auf, dann beruhigt sich meine Seele und die Wut vergeht. „Ich rege mich nicht auf, die anderen Menschen regen mich auf", hat einer einmal wohl mehr als Scherz gesagt. Das mag ja sein, aber die anderen Menschen spüren meinen Ärger ja nicht. Im schlimmsten Falle regt sich in ihnen Schadenfreude. Warum also soll ich mich von ihnen ärgern lassen?

Nehmen wir einmal an, eine Person sagt etwas zu Ihnen, das Sie beleidigt. Zum Beispiel wirft sie Ihnen ein unschönes Wort an den Kopf, an die Ohren. Wenn eine Person Sie so ärgert, dann gehen Sie nach den ABC-Schritten vor:

- A: Eine Beleidigung ändert nichts an meinem Wert.
- B: Offenbar ist diese Person unter Druck. Sie fühlt sich selber nicht wohl in Ihrer Haut. Oder sie ist das Opfer einer schlechten Erziehung.
- C: Gibt es - sachlich gesehen - einen Grund für ihr Verhalten?

Antworten Sie also auf der sachlichen Ebene. Alles andere bedeutet „Öl ins Feuer schütten". Es wird letztlich zu einem sinnlosen Grabenkampf ausarten. Sie verderben sich Ihre Lebensfreude. Die sachliche Ebene kann sein, dass Sie der anderen Person bis zu einem gewissen Grad Recht geben (müssen). Das ungute Wort lassen Sie einfach los. Das ist das Problem der anderen Person. Sie wird damit leben müssen. Oder sie wird durch Sie lernen, dass es Menschen gibt, die sich nicht beleidigen lassen. Je mehr Sie reagieren, desto mehr Macht geben Sie dem anderen Menschen. Reagieren Sie also nur, wenn es unvermeidlich ist.

Das Verständnis, das ich für andere Menschen aufbringe, ist verwandt mit Interesse. Nicht selten beharren Menschen auf ihrem Standpunkt. Sie hören die andere Meinung gar nicht wirklich, wollen sie gar nicht hören. Damit aber verhindern sie eine neue Sicht. Die andere Meinung kann uns herausfordern. Sie kann uns weiter bringen in unserer Entwicklung. Wir lernen dazu. Manchmal tragen wir auch Vorurteile mit uns herum. Sie sind ein Mangel an Verständnis oder an der Bereitschaft, den anderen Menschen zu verstehen. Der andere Mensch hat aber in vielen Fällen eine Botschaft. Und der andere Mensch hat Bedürfnisse wie wir. Da bin ich beim Mitgefühl angekommen. Wieder werden Sie vielleicht fragen: „Und was, bitteschön, soll dieses mit Lebensfreude zu tun haben?" Ich will hier wieder nicht moralisieren. Ganz nüchtern betrachtet geht es dem an sich „sozialen Wesen Menschen" nicht gut, wenn es dem anderen Menschen nicht gutgeht. Vielleicht gibt es Menschen, die dem widersprechen. Aber es müssten dann doch abgestumpfte Menschen sein. Selbst ein Atheist geht, wenn er gesund empfindet, nicht ohne Anteilnahme an einem Menschen vorbei, der leidet. Das ist keine Theorie, das habe ich sehr oft im Leben gesehen. Unter den sogenannten Atheisten habe ich gerade viele feinfühlige, barmherzige und verständnisvolle Menschen gefunden, die viel für andere Menschen getan haben.

„Alles wirkliche Leben ist Begegnung."
Martin Buber

Ein alltägliches Geschehen: Menschen stehen vor einem Gleis, warten auf den Zug. Es sind ganz verschiedene Menschen. Sie stehen nebeneinander. Sie kennen sich nicht. Einige tragen einen Kopfhörer, lenken sich via Smartphone ab, andere verstecken sich hinter einer Zeitung. Viele lesen die erhaltenen SMS oder schreiben selber welche. Was haben diese Menschen gemeinsam? Auf den ersten Blick nichts. Doch sind es alle Menschen mit denselben Bedürfnissen, Sehnsüchten, Freuden und Leiden. Der, der neben mir steht, könnte mein Bruder und meine Schwester sein. Und würde ich ihn oder sie besser kennen, würde ich ihm in die Augen sehen und ihn oder sie lieben. Uns trennen die Anonymität, die Angst, die Vorurteile, die Unsicherheit. Wie oft habe ich erlebt, dass ein Lächeln befreit und erlöst. Ich blickte den Menschen an, lächelte ihm zu. Zuerst war er verunsichert, doch in einem Augenblick wurde ihm klar: „Ja, ich bin gefangen. Ich schotte mich ab. Ich bin in meiner Welt." Dabei gibt es nur eine Welt. Und die umfasst uns alle. Wir sind und bleiben miteinander verbunden. Die tiefe Sehnsucht des Menschen ist es, den anderen Menschen zu begegnen. Ja, alles wirkliche Leben ist Begegnung! Das verbindliche Zusammensein schafft Lebensfreude. Wir fühlen uns geliebt, wenn ein Mensch zu uns hält. Dann wollen wir auch lieben, uns einbringen. Wenn wir gebraucht werden, wenn wir zur Mitarbeit bereit sind, an einer guten Sache mitwirken, einem Menschen helfen, dann fördert dies die Lebensfreude. In diesem Zusammenhang kann festgehalten werden, dass jede einfache Arbeit im Geist einer positiven Einstellung mit guter Laune ausgeführt werden kann. Eigentlich kann nur der tätige Mensch mit guter Laune leben, der passive Mensch kommt sich bald nutzlos vor.

Nun aber zurück zu den Begegnungen: Die schönste Formulierung, die ich einmal gefunden habe, bringt zum Ausdruck, dass sich der Mensch mit dem Du als einen „Schöpfungsgedanken“ empfindet. Zusammen mit einem anderen Menschen kann sich der Mensch erst wirklich als ganzer Mensch wahrnehmen.

Ja, Begegnung ist Kunst. Alles wirkliche Leben ist Begegnung, hat der jüdische Religionsphilosoph Martin Buber gesagt. Etwas Unbewusstes in uns hat Angst vor dem anderen Menschen, weil wir verletzt worden sind. Zum Glück fordert uns auf der anderen Seite unsere Neugier heraus, anderen Menschen zu begegnen. Und es sind ja wirklich die gelungenen Begegnungen, die unser Dasein lebenswert und schmackhaft machen. Hat diese Angst mit dem Sündenfall zu tun? Glauben wir nicht mehr mit ganzem Wesen an das Gute im anderen Menschen? Und wer nimmt uns die Angst? Es ist allein die Erkenntnis, dass der Mensch im Grunde seines Wesens gut ist.

Wer kann schon wirklich absolut offen sein? Wir haben Schutzmechanismen entwickelt, um den anderen Menschen nicht so sehen zu müssen, wie er wirklich ist. Er muss in unser Schema passen. Damit verschließen wir uns seinem wahren Wesen. Wir müssen unseren Filter der Wahrnehmung durchschauen, unsere Brille reinigen, um den Mitmenschen in seiner wahren Person und Würde zu sehen. Dies gelingt nur, wenn wir uns durch Meditation und Gebet für ihn öffnen. So kommen wir an einen Punkt, an dem wir dem anderen Menschen begegnen, als würden wir ihn zum ersten Mal sehen, auch wenn wir ihn schon Jahre kennen. Denn wie tief ist das menschliche Wesen! Es offenbart sich uns immer nur bis zu einem Teil. Wie oft ist das schon Ehepaaren passiert: Sie lebten seit Jahren zusammen. Plötzlich sagt einer von ihnen zum Partner: „Ich wusste ja gar nicht…, dass du das kannst, dass du diese oder jene Fähigkeit hast." Wenn wir uns gegenseitig bestärken, die veranlagten Gaben zur Entfaltung zu bringen, dann hebt dies unsere Laune, dann leben wir mit guter Laune.

Sollten wir uns nicht mehr herausfordern, die guten Seiten auszuleben? Sollten wir nicht großzügiger über die schwache Seite des anderen Menschen hinwegsehen? Wir würden uns so vermehrt gegenseitig mit guter Laune anstecken!

Auch kluge Pädagoginnen und Pädagogen gehen so vor: Zur rechten Zeit übersehen sie ein Fehlverhalten, wenn es ein solches ist, das der betreffende Schüler oder das betreffende Kind ohne gröbere Absicht getan hat. Sie machen - wie man so sagt - nicht aus einer Mücke einen Elefanten. Wer die kleinste Abweichung registriert und ahndet, der wird bald keinen Freund mehr haben. Ein solcher Mensch wird gemieden.

Wenn wir den Groll über das Verhalten eines Menschen überwinden, dann verweht unsere schlechte Laune, dann können wir uns wieder der Sonnenseite zuwenden und die Lebensfreude kommt zurück. Wie aber können wir mehr Verständnis für das Fehlverhalten oder die schwache Seiten des anderen Menschen aufbringen? Indem wir uns unsere eigenen Defizite in Erinnerung rufen. Das müssen wir nicht beständig tun. Im Gegenteil, ich habe oben darüber geschrieben, dass wir uns vor allem auf unsere starken Seiten konzentrieren sollen. Aber wenn wir in Versuchung sind, einen anderen Menschen zu tadeln, zu kritisieren, zu beschimpfen, herabzumachen, dann sollten wir kurz innehalten und uns unsere Grenzen in Erinnerung rufen. Wir können dann trotzdem

dem anderen Menschen eine Rückmeldung geben, aber der Ton wird dann sicherlich leiser und freundlicher sein, so, dass der andere Mensch die Kritik annehmen kann. Es gibt wohl Situationen, wo wir nicht einfach schweigen können, weil wir den Frieden haben wollen. In solchen Situationen überlege ich mir, wie meine Worte bei mir ankommen würden, wenn der andere Mensch sie zu mir sagt. Denn je mehr wir in Frieden leben, desto mehr werden wir mit Lebensfreude leben. Streit dagegen zerstört unsere Lebensfreude. Das gute Zusammenleben beginnt mit dem Gespräch und mit den Rückmeldungen, die wir einander geben.

„Man sollte die Wahrheit
dem anderen wie einen Mantel hinhalten,
dass er hineinschlüpfen kann –
nicht wie ein nasses Tuch um den Kopf schlagen.“
Max Frisch

Ich bin mir bewusst, dass ich das Enneagramm schon in früheren Büchern erwähnt habe. Doch wenn es hier um „Lebensfreude durch Verständnis und Mitgefühl“ geht, dann scheint mir ein erneuter Hinweis auf diese Typologisierung angebracht zu sein. Durch sie habe ich viel Menschenkenntnis gewonnen. Vor allem hilft sie mir, mehr Verständnis für andere Menschen aufzubringen. Wenn ich weiß, dass Grenzen von Menschen auf Verletzungen und Schutzmechanismen zurückgehen, dann fällt es mir leichter, sie zu akzeptieren. Man spricht in diesem Zusammenhang ja auch von „Schatten“. Damit ist gemeint, dass der betreffende Mensch seine schwache Seite gar nicht selber wahrnimmt. Er ist also nicht böse, sondern eher hilflos.

Verständnis und Mitgefühl - sie können eingeübt werden. Sie schaden nicht unserer guten Laune, im Gegenteil: Es ist eine uralte Erfahrung vieler Menschen, dass jede Liebe, die sie verschenkt haben, zu ihnen zurückkehrt. Und ist es nicht die Liebe, die uns glücklich macht, die uns Lebensfreude schenkt?

Doch wie weit haben sich viele Menschen heute von wahrer Mitmenschlichkeit verabschiedet. Ich will nicht moralisieren, aber es ist doch eine sichtbare Tatsache, dass es in unserer modernen Welt „kälter geworden ist". Viele sehen nur noch ihre Bedürfnisse, wollen möglichst viel für sich haben. Der Chassidismus, Bewegungen im Judentum, ist ab der Mitte des vergangenen Jahrhunderts bei uns wieder entdeckt worden. Zahlreiche Einsichten, Weisheiten, Anekdoten finden wir in diesen Texten, die Lebenshilfe und damit Kraft und Freude schenken.

Ein chassidischer Rabbi, ein Lehrer, wurde einmal gefragt, was die wahre Liebe ist. Er gab zur Antwort: „Wenn du nicht im Umkreis von hundert Kilometern den Schmerz jeder Gebärenden nachzufühlen vermagst, so weißt du nicht, was wahre Liebe ist."

Ich möchte diese Einsicht mit den Worten eines weisen Mannes stützen. Martin Luther King hat einmal gesagt:

„Fürchte dich niemals davor,
das zu tun,
was richtig ist,
speziell dann,
wenn das Wohl
eines Menschen oder eines Tieres
auf dem Spiel steht.
Die Strafe der Gesellschaft

ist nichts, verglichen mit den Wunden,
die wir unserer Seele zufügen,
wenn wir wegschauen."

Eine Mutter, die ein Kind gebiert, sagt ja zum Leben. Keiner von uns wäre da, wenn nicht einmal eine Mutter „ja" zu uns gesagt hätte. Sie hat den Schmerz in Kauf genommen und ertragen. Es ist immer richtig, ja zum Leben zu sagen. Wir alle sind die lebendigen Beweise dafür. So ist dieses „Ja" in uns. Der tiefste Kern in uns ist der, der das Leben bejaht. Somit kann der ehrliche Mensch nicht wegschauen, wenn das Leben mit Füßen getreten wird. Jeder, der ein Unrecht tut oder es nicht verhindert, schadet sich selber, leidet im tiefsten Wesen.

Ich schreibe hier diese Worte, weil es ja klar ist, dass jede Frau sich sehr über das Kind freut. Der Schmerz ist die Vorstufe der Freude. Das Kind wird ihr also mehr als nur gute Laune schenken. Und können wir uns nicht gerade von Kindern zur guten Laune anstiften lassen? Lachende Kinder stecken uns mit Lebensfreude an.

Verständnis und Mitgefühl sind wichtig. Deshalb greife ich in diesem Zusammenhang nochmals den Humor auf. Verständnis und Mitgefühl müssen ergänzt werden durch Humor und Abstand. Nur wer die erlösende Kraft des Humors zulässt, ist zur wahren Liebe, zu wahrem Mitgefühl fähig. Eben habe ich über eine Mutter geschrieben, die sich über das neugeborene Kind freut. Säuglinge lächeln oft. Ihnen ist das Lachen offenbar noch nicht vergangen. Deshalb kann ich Ihnen hier eine ganz konkrete und praktische Empfehlung geben, die Ihnen sofort eine gute Laune schenkt: Gehen Sie ins Internet und hören Sie sich den Babysitter-Song an. Er ist über ein altes Jahrhundert alt und zaubert uns doch immer noch ein

Lächeln aufs Gesicht. Dies ist nur ein Beispiel, wie lachende Menschen uns anstecken. Wir können uns in jedem Moment entscheiden, ob wir fröhlich oder traurig sein wollen. (Wenn Sie Babys nicht so mögen, dann besuchen Sie die Seiten Ihres Lieblingskomikers.)

Zum Leben gehören eben beide Seiten: Lachen und Weinen, Freud und Leid. Spannungen, Streitigkeiten, Krisen können unsere Lebensfreude in der Ehe, in der Partnerschaft, in der Freundschaft oder in der Familie trüben. Da gibt es ganz unterschiedliche Situationen. Es wäre geradezu vermessen, allgemein gültige Lösungen vorzuschlagen.

Wenn wir älteren Ehepaaren zuhören, wie sie das Zusammenbleiben geschafft haben, dann ging dies wohl nie ohne die Fähigkeit des Vergebens. Diese Fähigkeit bewirkt, dass wir uns die Lebensfreude bewahren können, auch wenn es Krisen in der Beziehung gibt. Alles in der Welt braucht Zeit. So brauchen wir auch Geduld im Umgang miteinander. Wir können den anderen Menschen nicht umschalten, wie man das Fernsehprogramm wechselt. Seine Charaktereigenschaften lassen sich nicht von einem Moment auf den anderen ändern. Müssen wir heute, im Zeitalter der Lebensabschnittspartnerschaften, die Kraft des Vergebens nicht wieder neu entdecken? Wer oder was hilft uns dabei? Wenn wir an uns glauben, dann können wir auch an den anderen Menschen glauben. Oftmals ist es doch unsere Eitelkeit, die verhindert, dass wir dem anderen Menschen verzeihen. Wir verharren auf unserem Standpunkt. Wir haben Angst, das Gesicht zu verlieren, wenn wir nachgeben. Dabei könnten eine einfache Entschuldigung und eine Geste der Versöhnung Wunder wirken! Probieren wir es einmal aus!

Auch hier könnten wir wieder von Kindern lernen:

Sie streiten,
dann versöhnen sie sich wieder.
Warum?
Weil ihnen das Glück
wichtiger ist als der Stolz.

Es ist und bleibt eine Erfahrung: Derjenige Mensch, der die Hand zur Versöhnung reicht, der sich entschuldigt, kann als „vernünftig" bezeichnet werden. Und wer vergibt, ist oft stärker, weil er über der Sache steht. Und wer loslässt und vergisst, kann wieder unbeschwert und damit mit guter Laune leben.

In unzähligen Romanen und Filmen werden die Spannungen der Liebe beschrieben. Zwei Menschen begegnen sich, sie verlieben sich. Dann gibt es ein Missverständnis und die junge Liebe ist in Gefahr. Die Leserschaft oder die Zuschauer fiebern mit und hoffen auf ein Happy End. Warum? Weil in uns allen die Sehnsucht nach einer verbindlichen und erfüllten Liebe schlummert. Die wahre Liebe sei ewig, wird immer wieder behauptet. Ich meine, das ist mehr als eine Behauptung, das ist eine Erfahrung. Offene und sensible Menschen spüren auch in unserer Zeit die bleibende Gegenwart der sogenannten „Verstorbenen". Sie bleiben weiterhin mit uns verbunden. Somit schicken sie mit ihrer Liebe die Aufforderung zu uns, dass wir mit guter Laune leben sollen.

8.
Lebensfreude durch Dankbarkeit

Moment bitte: Bevor Sie dieses Kapitel lesen, zählen Sie doch sieben Faktoren aus Ihrem Leben auf, wofür Sie dankbar sind. Und dann versuchen Sie sich an eine Situation zu erinnern, in der Sie das letzte Mal so richtig gelacht haben.

Geht es Ihnen gut? Dann sind Sie hoffentlich zufrieden. In diesem Wort steckt das Wort „Frieden“. Ein friedlicher Mensch trägt keine Wut und keinen Zorn in sich. Menschen fühlen sich wohl in seiner Gegenwart. Der Zustand der Zufriedenheit lässt sich einüben und gleichzeitig steigern: durch die Dankbarkeit.

Den inneren Frieden findet,
wer sich getragen fühlt.
Und nur derjenige fühlt sich getragen,
der selber mitträgt.

Danken macht glücklich! Warum? Weil der dankbare Mensch schätzt, was er hat und was er ist. Wer dankt, der konzentriert sich also auf das Wahre, Schöne und Gute. Er denkt positiv. Dankbarkeit ist eine Seelenstimmung, die eingeübt werden kann. Es gibt dankbare Menschen, Menschen, die von Natur aus dankbar durchs Leben gehen. Sie haben das Glück auf ihrer Seite. Von ihnen können wir lernen, allen Erscheinungen des Lebens in Dankbarkeit zu begegnen. Diese Dankbarkeit bringe ich auch in eine Verbindung mit Ehrfurcht und Demut. Lassen die Wunder des Daseins uns nicht staunen? Wer mit offenen Augen durch die Welt geht, der kommt ja eigentlich aus dem Staunen nicht mehr heraus! Diese Vielfalt, diese Erhabenheit, diese Möglichkeiten, die wir im Dasein beobachten können, sie müssen in unserer Seele doch ein Gefühl der Verehrung aufleuchten lassen. Das alles kann kein Zufall sein. Den jungen Menschen sage ich immer: Es braucht hunderte Millionen von Übereinstimmungen, damit wir das Leben so haben, wie wir es auf Erden sehen. Das kann kein Zufall sein. Wer meint, das sei Zufall, der gleicht einem Menschen, der behauptet, ein Orkan sei über einen Schrottplatz gefegt und habe bewirkt, dass dadurch eine Airbus-Maschine des Modells 737 MAX der Boeing entstanden sei. Ich schreibe das in diesem Zusammenhang, weil der Mensch durch diese Einsicht einen Grund hat, dankbar zu sein. Es wird ihm nämlich dadurch klar, dass er kein Produkt des Zufalls ist, sondern dass er gewollt und geliebt wird. Die Macht, die als Ordnung hinter allem steht und wirkt, hat auch ihm, hat jedem von uns, das Dasein ermöglicht. Diese Macht ist Liebe, denn aus Liebe sind wir geboren. Und unsere irdische Geburt ist ein Gleichnis für unser wahres Wesen, das unsterblich ist. Somit dürfen wir uns unendlich geliebt fühlen! Ich komme im nächsten Kapitel darauf zurück. Hier möchte ich bei der Dankbarkeit und damit auch bei der inneren Zufriedenheit bleiben. Zufriedenheit muss wohl nicht immer mit Dankbarkeit verbunden sein. Doch in der Regel ist der dankbare Mensch zufrieden.

„Immer, wenn ich mitten im Alltag innehalte
und gewahr werde, wie viel mir geschenkt ist,

werden die zahllosen Selbstverständlichkeiten
zu einer Quelle des Glücks."
ÉMILE FLAUBERT

Die moderne Glücksforschung zeigt, dass es verschiedene Gründe gibt, weshalb Menschen zufrieden sind: durch maßvollen Genuss, durch tätiges Glück und durch Sinn. Ich bin überzeugt, dass der Mensch alle drei für ein Leben mit Freude sucht und verlangt. Dann aber kommt die Glücksforschung zum Schluss: Ein engagiertes Leben liefert den höchsten Wert der Zufriedenheit. Aus diesem Grund habe ich mir auch überlegt, ob ich diesem Kapitel nicht die Überschrift „Lebensfreude durch eine kreative Lebensführung" geben soll. Damit meine ich: Der Mensch will mitmachen, will gebraucht werden, will Anteil am gemeinschaftlichen Leben haben. Das schenkt Befriedigung und Erfüllung. Selbst der arbeitslose Mensch sollte sich kreativ betätigen. Das hält die inneren Kräfte am Leben. Er kann schreiben, malen, musizieren. Mit etwas Fantasie kann jeder und jede sich kreativ betätigen, ohne dafür Geld zu brauchen. Zudem gibt es viele Organisationen, die seinen Einsatz dankbar annehmen. Die positive Psychologie hat sechs Punkte definiert, die Zufriedenheit schenken:

1. Offen, lernbereit und neugierig bleiben
2. Sich begeistern lassen, an einer Sache „dranbleiben"
3. Das Schöne und Wahre sehen, dankbar bleiben
4. Soziale Kontakte haben und pflegen, beziehungs- und bindungsfähig sein
5. Zusammenwirken
6. Das gesunde Maß haben

Man kann feststellen, dass es darum geht, das veranlagte Potenzial zu nutzen, was ich im nächsten Kapitel noch eingehender beschreibe.

Vor allem der Mensch, der eine spirituelle Heimat hat, „steht über der Sache“. Er lässt sich nicht durch den Schlamm ziehen, sondern behält „das Heft in der Hand“, wie man so sagt. Es ist dies ein Mensch, der eine Beziehung zu denjenigen Wesen pflegt, die unser Menschsein übersteigen. Dazu zähle ich das Vertrauen in die geistige Führung, in die Engel.

„Was immer geschieht:
Nie dürft ihr so tief sinken, von dem Kakao,
durch den man euch zieht,
auch noch zu trinken.“
Erich Kästner

Bleiben Sie nie das Aschenputtel! Man kann fünf Blind Dates haben, alle sind enttäuschend, beim sechsten Treffen begegnen Sie dann dem Traummann oder der Traumfrau. Bei vielen Begegnungen können Gelassenheit, Heiterkeit, Humor und Lebensfreude übrigens viel über den Charakter eines Menschen aussagen. Echter Humor kann eigentlich nur einer stabilen Seele entspringen. So wundert es auch nicht, dass eine arabische Weisheit Humor in einen Zusammenhang mit Geduld bringt:

„Geduld und Humor sind zwei Kamele,
die dich durch jede Wüste bringen.“

Geduld oder Ausdauer sind auch und gerade die Eigenschaften, die Beziehungen gelingen lassen. Im beruflichen und im privaten Leben spielen sie eine besondere Rolle.

Es gibt Menschen, die beginnen eine Sache oder eine Beziehung mit Begeisterung, Elan, Zuversicht und Freude. Mit der Zeit kühlt das Feuer der Leidenschaft mehr und mehr ab. Das kann so weit gehen, dass solche Menschen sich und anderen im Wege stehen. Sie werden gemieden. Ein Teufelskreis beginnt: Bald fühlen sie sich selber nicht mehr attraktiv. Sie lassen sich gehen. Sie resignieren, legen keinen Wert mehr auf die Kleidung und auf das äußere Erscheinungsbild. Sie wirken deshalb bald nicht mehr „anziehend" auf andere. (Schon der Zusammenhang der Worte „anziehen", z.B. ein schönes Kleid anziehen, und „anziehend wirken", zeigt doch, wie wir Menschen uns stark nach den äußeren Sinnen richten und uns durch sie beeinflussen lassen.) Vielleicht muss ich schreiben: Leider ist das so. Viele Menschen beurteilen andere Leute vorwiegend nach der äußeren Erscheinung, weswegen gleichsam ein übertriebener Körperkult betrieben wird. Das ist die Kehrseite der genannten Einsicht. Ich bin aber überzeugt: Die äußere Erscheinung wird den Durchbruch der wahren Liebe niemals aufhalten oder verhindern!

Noch mehr wirken aber unsere Worte, unsere Taten und das *gesamte* Erscheinungsbild. An diesem können wir arbeiten, dieses können wir ändern. Bleiben wir also nie stehen! Geben wir nicht auf, bilden wir uns weiter, üben wir Gelassenheit ein, seien wir authentisch und nutzen wir unsere Fantasie!

Wir können uns auch beraten lassen.

Was sagen denn viele Frauen, was ihnen an ihrem Mann gefällt? Nicht selten fällt das Wort „Humor". Man kann wohl auch sagen: „Lebensfreude".

Das Sprichwort „Glück kommt zu den Glücklichen" drückt eine alte Erfahrung aus. Sicher kennen Sie noch die alten Radiogeräte, an denen man durch Drehen eines kleinen Rades die Sender eingestellt hat. Man fand diese auf bestimmten Frequenzen. So trifft das Glück die glücklichen Menschen: Es sind Menschen, die mit guter Laune leben, die sich über das Leben freuen, die dankbar sind, die vertrauen und hoffen. Sie sind empfänglich für das Glück und für die Liebe. Sie suchen sich beständig „einen Sender", dessen Inhalt Freude und Zuversicht ausstrahlt.

Welcher Mensch ist dankbar? Es ist ein Mensch, der bewusst lebt, der achtet und schätzt, was er hat. Ein solcher Mensch freut sich bewusst. Er hat eine innere und äußere Heimat, habe ich oben geschrieben. Was meinte ich damit? Wer eine gesunde Kindheit erleben durfte, der erinnert sich vielleicht daran, wie er nach der Schule nach Hause kam, die Mutter mit dem Essen auf ihn wartete, ihm zuhörte, ihm in der vertrauten Umgebung ein Stück Geborgenheit vermittelte. Das ist nur ein einfaches Bild für einen vertrauten Ort, für eine vertraute Stimmung. Der erwachsene Mensch kann dies in einer stabilen und glücklichen Beziehung erleben. Der Single richtet sich seine Wohnung oder sein Haus so ein, dass er sich wohlfühlt. Wenn alles Vergängliche nur ein Gleichnis ist, dann gibt es den „Himmel" wirklich, den Zustand der Geborgenheit, die alles übersteigt, was wir hier in der vergänglichen Welt als Gefühl der Geborgenheit erleben. Ist das nicht eine Einsicht, die uns Lebensfreude vermittelt? Um wirklich dauerhaft mit Freude zu leben, müssen wir deshalb von Zeit zu Zeit unsere Blicke auf diesen „Himmel" richten.

„Himmel leitet die deutsche Sprache
von dem alten Wort Heime, Heimat, ab.
Und des Menschen Heimat ist ihm Glück."
Wilhelm Raabe

Heimat ist ein vertrauter Ort. Sie ist dort, wo Menschen eine vertraute Umgebung haben, sich auskennen, sich angenommen wissen.

Dankbarkeit kann uns „dem Himmel auf Erden" näher bringen. Ich bringe sie auch in eine Verbindung mit der wahren Freude. Denn Dankbarkeit schenkt Freude!

„Lernen wir, uns zu freuen,
so verlernen wir am besten,
anderen weh zu tun."
Friedrich Nietzsche

Ich könnte ergänzen: Wenn wir anderen nicht wehtun, tun wir uns selber nicht länger weh. Wir verletzen uns selber, wenn wir andere Menschen verletzen. Und dies vertreibt unsere Lebensfreude.

Ich habe mir angewöhnt, stündlich sieben Faktoren aufzuzählen, wofür ich dankbar bin. Diese vermitteln mir Lebensfreude. Das können Kleinigkeiten sein. Das kann ein Ereignis sein, auf das ich mich freue. Letztlich kann nur der dankbare Mensch mit guter Laune leben.

9.
Lebensfreude durch Vertrauen

„Zwei Dinge
verleihen der Seele am meisten Kraft:
Vertrauen in die Wahrheit
und Vertrauen in sich selbst."
Seneca

Es gibt Menschen, die hören oder lesen nach einer halben Stunde die neusten Nachrichten, die „news". Sie wollen sicher sein, dass es nicht noch schlimmer wird, dass die Welt noch nicht untergeht. Sie leben mit Angst. Ihnen ist offenbar das Urvertrauen ins Leben abhandengekommen. Dieses Urvertrauen, das uns Lebensfreude schenkt, können wir einüben, indem wir uns geborgen fühlen. Ich komme im letzten Kapitel darauf zurück. Hier möchte ich zunächst festhalten, dass ein Vertrauen in das eigene Wesen der erste Schritt zu einem Leben ohne Angst ist.

Kennen Sie die Hummel-Weisheit? Wissenschaftler haben herausgefunden, dass eine Hummel gar nicht fliegen kann. 1. Sie ist zu schwer. 2. Ihre Flügel sind dafür zu klein. Die Hummel selber kümmert sich wenig darum, brummend und fröhlich fliegt sie mir um die Nase. Merken Sie was? Sollten wir nicht vermehrt an uns glauben? Kürzlich haben mir junge Menschen eine große Freude gemacht. Ich habe ihnen ein kleines farbiges Bild einer Hummel laminieren lassen und es ihnen abgegeben. Das so eingefasste Bild lässt sich gut im Portemonnaie aufbewahren, ohne dass es schnell abgenutzt wird. Dann habe ich ihnen ohne weiteren Kommentar gesagt, was ich eben geschrieben habe, dass die Hummel eben nach Ansicht der gelehrten Menschen gar nicht fliegen könne. Spontan haben mir zwei Jugendliche gesagt: „Das hänge ich neben meinem Bett auf!“ Ohne große Anstrengung habe ich mein Ziel erreicht: Den jungen Menschen Selbstvertrauen zu vermitteln, ohne sie lange zu belehren. Der Hummel sei Dank! Denn die Jugendlichen haben die Botschaft der Hummel sofort verstanden.

Wenn wir an unsere Fähigkeiten glauben, dann überwinden wir die Angst, dann nutzen wir unser Potenzial. Wie kann man einen Menschen beschreiben, der sein Potenzial nutzt? Es ist ein Mensch, der innerlich in Bewegung bleibt. Ein Mensch, der wach bleibt und der Mitwelt mit Interesse begegnet. Mit „Mitwelt“ meine ich die Erscheinungen des Daseins und die Mitmenschen, von denen ich viel lernen kann. Auch Kinder können Lehrmeister sein, wenn wir von ihnen lernen, was wir als Erwachsene verlernt haben: das Leben im Augenblick, das Staunen, das Spiel, u.a. Vor allem aber besitzen Kinder im Normalfall noch ein Urvertrauen. In der Erziehung sollte darauf geachtet werden, dieses Urvertrauen möglichst zu erhalten. Leider geht dies nur bis zu einem gewissen Grad. Jeder Mensch wird verletzt. Und wir können unsere Kinder nicht vor allem schützen. Vieles, was ich auf den vorausgegangenen Seiten erwähnt habe, könnte helfen, dass die Kinder ihr Urvertrauen behalten. Ich habe Rituale erwähnt. Oder ich denke an die Spiritualität. Oder ich denke daran, wie wertvoll es ist, wenn Kinder in einer natürlichen Umgebung aufwachsen dürfen. Sie dürfen die Stimmungen der Jahreszeiten noch erfahren.

Wenn wir unser Potenzial nutzen, dann gleichen wir der Hummel, „die sich ihre Fähigkeit des Fliegens nicht ausreden ließ". Kleinere Abstürze gehören allerdings dazu, wenn wir „fliegen lernen". Wichtig ist es, ein Ziel zu haben. Dafür ist es nie zu spät.

Was wollten Sie schon lange tun?
Was hindert Sie, es zu tun?
Gibt es Alternativen?

Auf dem Weg zu einem erfüllten Leben, das heute gerne auch mit „Selbstverwirklichung" umschrieben wird, gelangen wir manchmal in eine Sackgasse. Oder wir schalten eine Pause ein. Das darf sein. Wenn es Ihnen passiert, dass etwas einfach nicht klappt, obwohl Sie sich enorm anstrengen, dann hilft es, innezuhalten. Fragen Sie sich: Gibt es einen Grund dafür, den ich nicht sehe oder nicht sehen will? Vielleicht sind Sie es selber, Ihr Unterbewusstsein, das Sie hindert, eine Aufgabe zu erledigen, einen neuen Weg zu gehen, eine Situation zu meistern. Mit mir haben viele die Erfahrung gemacht, dass wir nichts erzwingen sollten. Nehmen Sie sich in diesem Fall mehr Zeit, die Situation genau zu analysieren. Suchen Sie nach neuen Möglichkeiten oder nach Alternativen. Oder lassen Sie sich einfach Zeit. Sie müssen ein Ziel nicht aufgeben, aber vielleicht brauchen Sie Geduld. Warten Sie, bis der richtige Zeitpunkt kommt. Und vertrauen Sie, dass dieser kommen wird. Oft wird erst im Nachhinein erkennbar, dass Umwege nötig und sinnvoll waren. Vielleicht ist die Zeit dafür einfach noch nicht da. Durch diese Phase können wir lernen, uns auf das Ziel vorzubereiten. Das Leben des Menschen besteht ja eigentlich aus Veränderungen.

„Veränderung ist das Salz des Vergnügens."
Friedrich Schiller

Wir ändern uns andauernd, ob es uns bewusst ist oder nicht, ob wir daran denken oder nicht. Leben ist also Veränderung. Und ich habe schon in einem früheren Buch geschrieben: Nur wer keine Angst vor der Veränderung hat, braucht auch keine Angst vor dem Leben zu haben. Mir scheint, wir sollten uns diese Einsicht immer wieder in Erinnerung rufen. Gibt es ein Leben ohne Angst? Sicherlich ist es die Angst, die unsere Lebensfreude zerstört. Es ist die Angst, die verhindert, dass wir mit guter Laune leben können. Ich hoffe, mit den folgenden Zeilen auch eine Hilfe geben zu können, wie Menschen Ängste überwinden können. Im irdischen Dasein herrscht vielerorts Angst. Das bedeutet aber schon: Wenn wir Menschen eine höhere Dimension zulassen, uns für diese öffnen, dann kann diese uns helfen, das irdische Dasein mit allen Unsicherheiten, Bruchstücken und Unvollkommenheiten zu relativieren. Deshalb leben Menschen mit viel weniger Angst, wenn Sie z.B., wie oben angedeutet, eine geistige Führung anerkennen. In den vergangenen Jahrtausenden haben Menschen diese meistens mit „Gott" umschrieben. Der Glaube an Gott ist nicht veraltet, es sind Menschen, die meinen, dass Gott in unserer Welt keinen Platz mehr hat. Er hat sich auch nicht von uns verabschiedet, sondern wir denken heute zu wenig oder gar nicht mehr an ihn. Mir fällt dabei die Aussage ein: „Der Mensch denkt, Gott lenkt. Der Mensch dachte, Gott lachte." Der Glaube kann in einer Welt, in der es häufiger Veränderungen gibt, ein „Anker der Seele" sein. Gerade das gemeinsame Feiern und ein Bekenntnis geben uns Mut, in den Veränderungen eine innere Heimat zu haben.

Gott will uns Mut zum Leben schenken! Dazu gehört Mut zur Entfaltung, Mut zur Kreativität, Mut zum Träumen! In der Bibel wird oft von Träumen gesprochen. Sie tauchen auch und gerade im Zusammenhang mit Verheißungen und Visionen auf. Ein Volk ohne Visionen geht zugrunde. Auch ein Mensch braucht Träume und Visionen. Eine gesunde Religion hilft den Menschen, ihre Träume und Visionen zu verwirklichen. Sie werden vielleicht staunen, wenn ich das hier schreibe. Vielleicht haben Sie „Religion" als Vorschriften und Gesetze erfahren. Diese sind aber nur der Rahmen, der als Sitte und Sittlichkeit dem Zusammenleben dienen soll. Viel wichtiger sind Ihre Träume! Wahre Religion fördert das Selbstvertrauen, indem und weil sie das Vertrauen in eine höhere Macht vermittelt. Das gesunde Selbstvertrauen ist die Grundlage, auf der wir unsere Träume verwirklichen können. Zudem wecken spirituelle Texte unsere Fantasie.

„Alle unsere Träume können sich erfüllen,
wenn wir den Mut haben,
ihnen zu folgen."
Walt Disney

Sie denken vielleicht: „Mit Gott habe ich nichts am Hut. Das ist alles eine Geschichte. Ich spüre ihn nicht." Wenn Sie so denken, dann muss ich Ihnen zustimmen! Sie wollen selber denken. Das ist gut. Der „Gott", der Ihnen nichts mehr bringt, bringt nichts. Nur Gott, der in Ihrem Wesen auftaucht, den Sie wahrnehmen, kann Gott sein. Entweder ist Gott ein Märchen, oder er ist eine Realität. Beides zusammen geht nicht.

Nehmen wir doch einmal an, ein Gott wäre der Ursprung des Lebens und damit unseres und Ihres Daseins, dann muss er doch viel mit uns, mit Ihnen zu tun haben. Mehr als wir uns vorstellen können. Ist also „Gott" meine Einbildung? Ich möchte hier nicht zu philosophisch werden. Klar machen wir uns Bilder von Gott. Und (zu) oft ziehen wir ihn auf unsere menschliche Ebene herab, ob wir das merken oder nicht. Immer mehr „nüchterne Naturwissenschaftler" kommen heute zum Schluss, dass da etwas sein muss, das von den Religionen „Gott" genannt wird. So wählen Astrophysiker die Sprache der Mystiker, um zu erklären, was sie erkannt haben. Im christlichen Glauben ist „Gott" selber „herabgekommen". Dieser Terminus haftet unserer Vorstellung und Wahrnehmung der Welt immer noch an, obschon wir das alte Weltbild überwunden haben, wonach der Himmel oben, die Erde unten ist. Vom Ansatz des Gottes, der in unsere Welt und in unsere Geschichte gekommen ist und kommt, gehe ich hier aus. Es ist ein persönlicher Ansatz, zugegeben. Das Symbol des Christentums ist das Kreuz. Es vereint Tod und Leben. Denken wir an die vier Himmelsrichtungen und an die vier Jahreszeiten. Die Zahl „4" steht u.a. für die Kraft der Verwandlung, für einen spirituellen Pfad. Wir wandeln uns vom Kind über den Jugendlichen, über den Erwachsenen zum alten Menschen.

- Mitverantwortung
- Mitgefühl
- Mitwelt
- Mitverwandlung

Dies sind vier Stufen zur Christwerdung und gleichzeitig zur Menschwerdung. In den folgenden Zeilen will ich dies verdeutlichen. Als Menschen tragen wir füreinander Verantwortung. Wir können keinen Menschen aufgrund der Rasse, des Geschlechts, der Herkunft beurteilen. Jeder Mensch hat ein Recht, auf dieser Erde zu wohnen. Wenn wir von dieser Einsicht und von unseren Bedürfnissen ausgehen, dann erwacht das Mitgefühl für andere Menschen (letztlich für alle Geschöpfe dieser Erde). Wir fühlen uns eins mit allem Leben. Wir vereinen uns mit der Mitwelt. Wir erkennen, dass nur unsere Verwandlung der Verwandlung der Welt, der Mitwelt dient.

Mitverantwortung

Heute denken und reden wir von einer „vernetzten Welt". Alles ist mit allem verbunden. Das wussten allerdings schon die Menschen in früheren Zeiten. Es war ihnen wohl sogar so klar, dass sie es nicht für erwähnenswert hielten. „Unten" und „oben" waren demnach weniger in vergangenen Zeiten im räumlichen Sinn, sondern im Sinn des Bewusstseins gemeint. So ähnlich reden wir heute vom „Unterbewusstsein". Die Erkenntnis der geistigen Wirklichkeit kann mit dem Begriff „Oberbewusstsein" umschrieben werden. Wir meinen ja heute, dass wir viel mehr wissen als unsere Vorfahren. Wir vergessen, dass sie die Welt *anders* wahrgenommen haben. Die Welt war für sie beseelt. Hinter den Naturerscheinungen sahen sie das Wirken der geistigen Wesen. Sie wirken heute noch, aber wir konzentrieren uns auf die Außenhülle des Daseins, auf die physische Ebene. Kann es sein, dass der Abzug unseres Bewusstseins von der seelisch-geistigen Dimension des Daseins etwas mit dem Zwiespalt des modernen Menschen zu tun hat? Es ist längst bekannt, und wird immer wieder betont, wie heute die Mitverantwortung bei vielen Menschen in den sogenannten Industrienationen verschwindet. Menschen werden im Extremfall nicht mehr in ihrer Würde und Einmaligkeit gesehen, sondern nach Wirtschaftlichkeit berechnet und nach Belieben ausgetauscht. Jeder versucht, für sich den bestmöglichen Vorteil zu erzielen. Sogar wenn es um Freundschaft geht. Man spricht ganz offen von „Lebensabschnittspartnerschaften". „Sozialhilfe soll der Staat zahlen, dafür zahlen wir schließlich Steuern", denken viele. Ein weiteres Beispiel: Tiere werden am Fließband ermordet. Fleischesser delegieren das Töten. Unsere Vorfahren haben Tiere zum Überleben gejagt. Heute landen dreißig Prozent der Lebensmittel im Abfall, darunter befindet sich Fleisch der getöteten Tiere. Es gibt aber auch erfreuliche Entwicklungen: Immer mehr Menschen ergreifen Initiative und engagieren sich für Nachhaltigkeit und Umweltschutz. Bei ihnen erwacht ein neues Mitgefühl. Sie fühlen sich mitverantwortlich und sind überzeugt, dass jeder kleine Schritt wichtig ist. Andere entdecken, wie Tiere uns viel schenken können. Sie bringen uns in einen gesunden Rhythmus. Alle Erscheinungen, alle Wesen, ob Mineral, Pflanze, Tier, Mensch oder Engel gehören der einen Welt an. Indem wir sie bejahen und uns für sie interessieren, wirken wir für den Frieden, breitet sich dieser in unserem Wesen aus, weil wir so eine Beziehung zu ihnen begründen und pflegen.

Mitgefühl

Ich bin davon ausgegangen, dass Gott in seinem Sohn Mensch geworden ist. Dies ist die zentrale Botschaft der christlichen Religion, die unsere Kultur und damit unser Denken und Empfinden geprägt hat und beeinflusst. Gottes Sohn auf Erden hat uns Gott als Geistwesen verkündet: „Gott ist Geist“ (Joh 4,24). Und er hat außerdem gesagt: „Gott ist Liebe“ (1 Joh 4,8). Ich erspare uns die spitzfindige Untersuchung, ob es sich dabei um dasselbe Medium handelt, das diese Worte empfangen hat. Denn beide Urkunden sind längst von Menschen anerkannt und bestätigt worden, die offen für die ganze Wahrheit waren und sind. Diese Menschen haben gerade durch ihr Leben und ihr Meditieren die Wahrheit dieser Worte „ein-gesehen“. Christi Wirken war eine einzige Liebestat, bis zum letzten Blutstropfen. Man kann seine Worte nicht von seinem Leben trennen. Oder anders gesagt: Der lebendige und auferstandene Christus ist das Wesen des Christentums. Er hat seine Kräfte verströmt und tut es heute und in Zukunft. Er ist die Auferstehungskraft in Mensch und Erde. Liebe und Geist haben gemeinsam, dass man sie nicht mit physischen Augen sehen kann. Aber man kann deren Wirkungen erfahren! Wem fiele da nicht das bekannte Wort ein, dass man nur mit dem Herzen gut sieht? Es gibt noch andere Wahrnehmungsorgane. Eines davon ist das Herz oder das Gewissen. Man kann diese „Wahrnehmungs-Organe“ spüren oder nicht. Hier kommt die Freiheit ins Spiel. In diesem Zusammenhang ist sicherlich auch die Fähigkeit des Menschen zu nennen, die man mit „Intuition“ beschreibt. Damit ist nicht ein diffuses Gefühl gemeint, sondern das Wissen des Menschen um die ganze Wahrheit. Sie ist in uns veranlagt, wenn auch oft verdeckt oder verschüttet. Wer sich in der Liebe wahrnimmt, der wird Mitgefühl entwickeln, dessen Herz wird Liebe ausstrahlen.

Mitwelt

Die Liebe erwacht als Interesse, als Erkenntnis, dass wir untrennbar mit der Mitwelt verbunden sind. Somit beginnt die Suche nach Weisheit. Auf dieser Stufe beginnt der Mensch sich mit der Mitwelt zu vereinen. Er betrachtet sein Leben als Auftrag, die Mitwelt erkennend mitzugestalten, mitzuveredeln.

In der christlichen Botschaft ist der eben erwähnte „Sohn" eins mit dem Vater (-Gott). Die Menschwerdung des Sohnes bedeutet letztlich, dass sich Gottes Geist mit einem Menschen und damit mit allem „Fleisch" verbindet. Dieses ist ein altes Wort für Materie. Damit wird kein neuer Pantheismus beschrieben. Gott übersteigt die Welt. Doch er bleibt ihr nicht fern. Er nimmt Anteil, so stark, dass er selber ganz wirklich mitfühlt und mitlebt. Er umkleidet sich mit der Materie. Damit habe ich schon angesprochen, was Materie eigentlich ist. Wer von uns hat schon einmal ein Atom gesehen? Wir haben Instrumente geschaffen, die uns zeigen, was wir sehen wollen. Erlauben Sie mir einmal eine provokative These: Wäre unsere Sehkraft viel, sehr viel stärker, würden wir Christus, den auferstandenen Sohn Gottes zwischen den Atomen sehen. Doch Gott, der uns zwar einerseits die Freiheit lässt, andererseits sich auch nicht vor uns versteckt, sondern sich finden lässt, kommt unserer schwachen Sehkraft zur Hilfe und lässt sich in unzähligen Erscheinungen erkennen. Der Glaube ist die Brücke, die Vorbereitung, die uns in Zukunft zum Schauen führt.

Auf jeden Fall berichten Schriften aus früheren Zeiten davon. In diesen Zeiten, die ich oben angesprochen habe, waren die seelischen und geistigen Dimensionen für Menschen noch wahrnehmbar. Eine dieser Urkunden, ein kurzer Text aus einem sogenannten apokryphen Evangelium[1], handelt davon, dass Christus spricht: „Spaltet ein Stück Holz, und ich bin da." Kürzlich hat mir jemand ein Foto geschickt, das Christus ganz deutlich im gespaltenen Holz zeigt. Es ist also so, dass es auch und gerade heute Menschen gibt, die Gott finden! Der Skeptiker wird selbstverständlich auch dieses Bild als Zufall abtun. (Ihm ist zu wünschen, dass er irgendwann die unbedingte Liebe zu seinem Wesen spürt, die ihm zu Bewusstsein bringt, dass er selbst kein Produkt des Zufalls ist, sondern ein Wesen, das bedingungslos bejaht wird und eine absolute Daseinsberechtigung hat.) Seit seiner Ankunft auf Erden wirkt der kosmische Christus im Zwischenbereich, zwischen den Elementen. Unzählige Kunstbilder legen dafür Zeugnis ab, viele Mystiker und Mystikerinnen schrieben und sprachen darüber. Man kann heute schon „wissenschaftlich", d.h. mit äußeren Mitteln, nachweisen, dass sich seit seinem Sterben am Kreuz, das ja - genau genommen - sein endgültiges Ankommen war, etwas in der Natur verändert hat. Am Holz des Kreuzes hat er die Arme ausgebreitet. Seine völlige Hingabe war ein Anstoß, der heute und bis zum Ende der Erdenzeit (nach-) wirkt. Er verändert die Natur. Und wenn er in früheren Zeiten „Heiland" genannt worden ist, dann ist das heute aktueller denn je: Mit seiner Kraft können wir die Erde wieder

---

1 „Apokryphe Evangelien aus Nag Hamadi", O & R. Dingfelder Verlag, Andechs 1988, S. 212.

heilen. Dies beginnt mit dem Mitgefühl, das er gelebt hat. Es lässt unser wahres Wesen in der Mitwelt, der einen Welt erwachen. Auf jeden Fall durfte ich das persönlich erfahren. Am See Genezareth zog mich eine Kraft zu Boden und ich habe selber die Arme ausgebreitet, um die ganze Erde zu umarmen. Ich spürte Christus ganz real. Oder besser gesagt: Ich spürte „überreal", wie er mich liebt und ich und alle Lebewesen beständig in seiner Liebe sind. Er hat mich wieder aufgerichtet, aus eigenen Kräften wäre ich nicht mehr hochgekommen. Seit diesem Augenblick, weiß ich, dass er die innere Kraft von Menschen, Erde und Welt ist. Wer nicht glauben kann oder will, der wird auch über dieses Zeugnis den Kopf schütteln. Er wird aber auch nicht in das berühmte Raumschiff steigen, das ihn auf einen fernen Planeten in ein wunderbares Paradies bringt. Warum auch sollte er einem solchen Versprechen folgen? Und das spürt auch ein Mensch, der mit Spiritualität nichts am Hut hat: Dieses Paradies ist hier auf Erden oder nirgendwo. Und von uns hängt es ab, ob es hier lebenswert ist oder nicht. Jeder und jede entscheidet selber, ob er oder sie im Einklang mit sich und der Welt leben will oder nicht. Aber auch die „Paradiese" auf unserem Planeten sind leider vergänglich. Menschen, die sie aufsuchen, die dem farbigen Hochglanz-Prospekt folgen, sind schon oft bitter enttäuscht worden. Aber selbst wenn Menschen heute ihren Urlaub auf den Malediven oder wo immer in guter Erinnerung haben, dann gehören diese Urlauber zu denen, die anderen Menschen einen endlosen Motorenlärm zumuten und die Luft verschmutzen. Zudem schaden Sie mit Interkontinentalflügen ihrer Gesundheit, ob sie darum wissen oder nicht. Trotzdem verstehe ich die Sehnsucht der Menschen nach einer Veränderung und den Reiz der fremden Kulturen. Sie mögen viele

Menschen erfreuen, aber im Grunde des Wesens suchen sie nach Erfüllung, die gerade in diesem Buch beschrieben wird. So können sie auch nach dem wunderbaren Urlaub, der einmal zu Ende geht, am Arbeitsplatz und im Alltag mit Freude leben.

Wer das Glück in Honolulu sucht,
wird es nicht finden,
so lange er es nicht im eigenen Herzen gefunden hat.

Von Christus, der im Einklang mit sich und der Welt gelebt hat, können wir lernen, eine neue Beziehung zur Erde einzugehen. Dies ist der erste Schritt zum ewigen Bewusstsein. Denn dieses erwacht im Mitgefühl, durch die Mitwelt und in der Achtung des eigenen Körpers und der eigenen Seele. Oben habe ich darüber geschrieben, dass Ängste uns von einem Leben mit Freude abhalten. Wenn es wahr ist, dass Christus einer der glücklichsten Menschen war, dann wird sich sein Glück durch eine Beziehung zu ihm auf uns übertragen. Ängste werden dann von uns abfallen. Er hat gesagt und gelebt, dass keine Angst unser Leben auch nur um eine Haaresbreite verlängern kann.

Diese Einsicht sollten wir uns mehrmals täglich in Erinnerung rufen.

„Fürchtet euch nicht!“
Christus

Die Beziehung zu Christus verwandelt uns in ein Wesen, das vertraut, das glücklich ist, das Lebensfreude hat!

Mitverwandlung

Der gesunde Mensch will etwas tun. Er stellt seine Tätigkeit nicht beständig in Frage, weil er weiß, dass sie eine Bedeutung hat. Benjamin Franklin soll einmal gesagt haben:

„Eine Stunde konzentrierter Arbeit hilft mehr,
deine Lebensfreude anzufachen,
deine Schwermut zu überwinden
und dein Schiff wieder flott zu machen,
als ein Monat dumpfen Brütens."

Was bedeutet Mitverwandlung konkret? Oft hängt es von unserer Einstellung ab, ob wir uns an unserem Lebensort oder am Arbeitsplatz wohlfühlen oder nicht. Ohne Ausdauer und Disziplin gibt es keine Befriedigung und kein Glück. Sie sind gleichsam die Grundbedingungen für ein Leben mit guter Laune. Diese lässt sich nicht künstlich herstellen. Wer zum Beispiel niemals fremdbestimmt wird, der kann seine Freizeit bald nicht mehr schätzen. Er erlebt „eine Inflation der Freiheit", diese „Freiheit" verliert die Würze. Wer nicht beim kleinsten Widerstand aufgibt, wer sich auch einmal behauptet, standhaft bleibt, der kommt weiter, der findet letztlich Erfüllung. Goethe hat einmal gesagt, dass man auch mit Steinen, die einem in den Weg gelegt werden, etwas machen kann. Mitverwandlung bedeutet: Ich nehme die Herausforderungen des Lebens an, auch die Schwierigkeiten.

Letztlich geht es darum, ob wir mit den „Steinen" etwas tun. Die Steine stehen für mich für die Möglichkeiten, die ich habe, etwas mit meinen Mitteln zu tun. Investiere ich etwas in ein Zusammenleben? Was immer ich mit meinen Möglichkeiten anfange, es kommt letztlich wieder auch mir zugute.

Nehmen wir an, Sie werden zu einem Fest eingeladen. Der Gastgeber bittet Sie, eine Flasche Wein zum Fest mitzubringen. Was tun Sie? Sie überlegen sich, was Sie anziehen, was Sie am Fest sagen sollen. Dann denken Sie: „Ich habe noch eine teure Flasche Wein, aber die wollte ich aufsparen…" Die Zeit vergeht, Sie verlieren Zeit, weil Ihnen der Krawattenknopf nicht gelingen will. Schließlich denken Sie: „Die anderen Gäste werden wohl eine Flasche Wein zum Fest bringen. Das ist genug. Nur leider: Alle anderen Gäste haben sich dasselbe gesagt. So hat keiner eine Flasche Wein mitgebracht. Am Fest wird Wasser serviert, die Festfreude kommt nicht auf. Mit der Zeit gehen alle nach Hause, - und schämen sich.

Das Fest fand nicht statt.

Zum Glück wissen wir, dass dies nur eine Geschichte ist. Denn sehr viele Menschen sind großzügig und bereit, etwas zu geben!

In unserer Zeit kommen durch die moderne Medizin viele Menschen an den Rand des Todes. Sie machen eine außerkörperliche Erfahrung und begegnen einem besonderen Licht. Sie bringen diese Erfahrung in eine Befindlichkeit der Freude, der Geborgenheit, welche die alte Sprache der Religion mit der Umschreibung „ewiges Gastmahl (Festmahl) im Himmelreich" nennt. Ein Fest, eine Festfreude, die alle Feste dieser Welt übersteigt. Solche Menschen haben eine Verwandlung ihres Wesens erfahren. Sie haben ihr Leben geändert. Sie begriffen die Botschaft der Liebe.

Es sind weltweit ein paar hundert Millionen Menschen, wir

können dieses Phänomen nicht einfach verleugnen, ignorieren oder verdrängen. Die außerkörperliche Erfahrung bestätigt, dass unser Bewusstsein nicht nur an den Körper gebunden ist. Viele waren für Augenblicke im klinischen Sinne tot. Sie sind dem Lichtwesen begegnet, das viele mit Christus identifiziert haben. Im Lichte dieses Wesens sahen sie ihr Leben und ihr Dasein in einem größeren Zusammenhang. Es wundert nicht, dass in dieser Erfahrung die Liebe zu den Menschen, zur Welt und zum eigenen Wesen das bestimmende Thema war. In diesem Licht der Liebe erfuhren und erfahren sie die vollkommene Bejahung ihres Wesens, die ich oben angesprochen habe. Durch solche Erfahrungen erkannten und erkennen Menschen ihr ewiges Bewusstsein, aber auch ihre Verbindung mit der Mitwelt. Diese Verbindung ist ein anderes Wort für „Liebe". Sie bedeutet: Interesse, - ein schon oben erwähntes Zauberwort, das uns heilt. Denn der wahre Mensch will innerlich und äußerlich in Bewegung bleiben. In diesem Zusammenhang ist es erstaunlich, wie in unseren Tagen vermehrt Menschen der Natur und dem Jahreskreis Beachtung schenken. Sie spüren wieder die erwähnte Heilkraft der Jahreszeiten, die erfahren wird, wenn man sie deutet und versteht. Im wachen Miterleben dieser besonderen Zeiten wird das kosmische Bewusstsein Gottes wahrgenommen, der sich durch Christus mit der Erde verbunden hat und verbindet. Dieses Bewusstsein wird gerade im Johannesevangelium beschrieben. Die sogenannten „Ich-bin-Worte" weisen auf den geheimnisvollen Zusammenhang zwischen Gott und dem innersten und eigenen Wesen des Menschen hin. Das mit Christus verwandte menschliche Ich ist das ewige Bewusstsein, nicht das Alltags-Ich, das sich um sich selbst dreht. In uns ist ein Kern, der uns lieben lässt. Eine kleine Sonne. Sie wird durch eine Beziehung zu Christus zum Leben erweckt. Eine solche ermöglicht uns die Meditation des eben genannten Evangeliums. Zeiten der Meditation machen unser Bewusstsein heller und beweglicher. Wir öffnen uns so für Zusammenhänge, die unserem irdischen Bewusstsein sonst verborgen bleiben. Diese Zeiten schenken Gelassenheit, Geborgenheit und Freude. Diese verdichten sich zum inneren Frieden.

In meinem oben schon genannten Buch „Im Einklang mit sich und der Welt leben" stelle ich ein ganzheitliches Weltbild vor, das Menschen heute wieder stärker in die Natur und den Kosmos einbindet, ihnen Gesundheit, Harmonie und Lebensfreude schenkt. Es enthält zudem zahlreiche praktische Übungen und Meditationen, die den Inhalt vertiefen und zu einem Leben mit Sinn und Erfüllung verhelfen. Sie wollen unser Leben zu einem Fest machen.

Dabei geht es gerade nicht darum, unseren Weg abzukürzen. Wir können unseren Weg nicht schneller gehen, indem wir uns von unserem irdischen Dasein befreien. Nur wer seinen Weg zu Ende geht, wird die verheißene „Seligkeit" (eine Umschreibung des höchsten Glücks!) und den wahren Frieden erlangen. Flucht aus dem Leib, von der Erde weg, ist keine Lösung.

Oder ganz einfach gesagt: Wer die Lebensfreude nicht in seinem Leben auf der Erde findet, wird sie auch im „Himmel" nicht finden.

Wenn ich im letzten Teil des Buches auf ein ganzheitliches Weltbild hinweise, das eine geistige Dimension einschließt, so tue ich das, weil ich überzeugt bin, dass das menschliche Wesen nach einer solchen Dimension verlangt. Wir sind heute von einer technischen Welt umgeben. Wie viel Fleiß und Arbeit wurde doch aufgebracht, die modernen Maschinen, die Elektronik, die Medizin zu entwickeln. Unsere Art zu leben prägt unser Weltbild. Das Bewusstsein der geistigen Wirklichkeit wird verdrängt oder in den Hintergrund gedrängt. Wer auf dem inneren Weg Fortschritte machen will, der braucht entsprechende Übungen, eine Offenheit und Einsichten, die von Menschen stammen, welche diesen Weg schon gegangen sind. Dazu zähle ich die Mystiker.

Bitte lassen Sie sich deshalb auch noch auf das letzte Kapitel ein!

10. Lebensfreude durch Achtsamkeit und Liebe

Nehmen wir einmal an, Sie seien blind. Sie stoßen sich an Gegenständen, weil Sie diese nicht sehen. Wenn Sie nicht blind sind, denken Sie: Der Raum ist unbegrenzt, ich bin frei. Doch Fakt ist: Wir leben innerhalb von Grenzen. Als blinder Mensch werden Sie nur gut leben können, wenn Sie sich nicht dauernd anstoßen. Sie werden Verletzungen vermeiden, wenn Sie bewusst leben. Bewusst leben bedeutet: mit Achtsamkeit leben.

Achtsamkeit und Wachsamkeit sind Schwestern. Wer sich Zeiten der Stille reserviert, wird in der aktiven Phase seines Lebens als Frucht der Meditation mit erhöhter Präsenz wirken. Er wird wie von selbst die Hindernisse umgehen, weil er sie spürt, weil er ein Sensorium dafür entwickelt hat. Das ist keine Idee von mir, sondern eine Erfahrung von vielen Menschen. Solche Menschen lassen sich auch nicht so schnell aus der Ruhe bringen. Sie können flexibel mit unvorhergesehenen Situationen umgehen. In unserer lauten Welt muss sich die Seele bewusst diese Stille erkämpfen und sie verteidigen.

Wer „wach“ oder „achtsam“ ist, der lebt bewusst. Er entschleunigt sein Leben. Erst so entdeckt er die Freude an den schönen Dingen, an den kleinen Kostbarkeiten des Alltags. Er genießt ein Essen, ein aufbauendes Buch, nimmt eine Landschaft bewusst in ihrer Vielfalt wahr, gönnt sich Pausen. Ja, er entwickelt Sinn für sie. Der Mensch, der den Weg dieses Buches geht, öffnet sich immer mehr den verschiedenen Bereichen des Daseins. Er spürt gleichsam besser seinen Hunger nach Kunst, Wissenschaft und Religion. Er wird wieder fähig, ein Bild oder eine Melodie auf sich wirken zu lassen. Er lernt, die oft nicht auf den ersten Blick sichtbare Botschaft der großen Maler und Künstler zu verstehen. Sie regen ihn an, beleben ihn, erweitern seinen Horizont. Sie inspirieren ihn zum schöpferischen Wirken. Sie regen also seine Fantasie an. Und diese ist es, die uns in trüben Stunden Lebensfreude schenken kann. Hier wäre besonders die Schönheit zu nennen. Der große Schriftsteller Dostojewski hat einmal geschrieben: Die Schönheit rettet die Welt. Man stelle sich einmal die Welt nur in grauer Farbe vor! Wir können achtlos an bunten Blumen vorbeigehen. Dann verachten wir sie. Wir weisen damit ein Geschenk zurück, das uns angeboten wird. Es gibt so viele Erscheinungen in der Welt, die unser Herz erfreuen, wenn wir sie beachten, wenn wir ihnen unsere Aufmerksamkeit widmen. Es ist und bleibt wahr: Die Schönheit der Dinge lebt in der Seele dessen, der sie betrachtet (David Hume). Wer die Schönheit auskostet, braucht sich nicht vor deren Vergänglichkeit zu fürchten.

„Wenn die Rose mittags ihre morgendliche Schönheit
verloren hat, dann war die Schönheit echt.
Nichts in der Welt ist von Dauer,
und wir sind Narren, wenn wir wünschen,
dass etwas bleibt, wie es ist.
Noch größere Narren sind wir aber,
wenn wir uns nicht daran erfreuen,
solange wir es haben."
William Somerset Maugham

Achtsamkeit ist für mich ein anderes Wort für „Spiritualität" oder „Glauben". Ich werde dies gleich begründen. Wenn Sie das Wort „Glauben" hören, bringen Sie es vielleicht in Verbindung mit Kirche oder Religion.

„Nein", denken Sie, „mit diesem alten Zeug muss man mir nicht kommen!" Und vielleicht denken Sie jetzt: „Was bitte haben Spiritualität oder Glaube mit Lebensfreude zu tun?" Bitte lassen Sie sich auf die folgenden Gedanken ein, ich versuche, eine Antwort zu geben.

Wenn Sie so denken, haben Sie vermutlich entweder schlechte Erfahrungen mit Vertretern der Kirche, z.B. Religionslehrkräften oder mit einem Pfarrer, gemacht, vielleicht haben Sie sich auch längere Zeit gar nicht mehr mit diesem Thema befasst. Meldungen aus den Medien, schlechte Nachrichten über die Kirche haben Sie verunsichert. Oder Sie haben kein „Religions-Gen"? Die neuste Wissenschaft geht allerdings davon aus, dass sich die Gene verändern können! So gesehen bleibt es wahr: „Des Menschen Wille ist sein Himmelreich!" Wie auch immer: Millionen Menschen haben durch Religion Glück, Sinn und Freude gefunden.

Sie können mir widersprechen, Sie können das ablehnen. Ich wollte nur darauf hinweisen, weil ich selber glücklich und zufrieden bin, seitdem ich diesen Aspekt zulasse und bejahe. Es gibt Menschen, die scheinbar wenig oder kein Interesse an Spiritualität haben. In Gesprächen wurde mir klar, dass in jedem Menschen die Sehnsucht nach dieser Dimension des Lebens besteht: sozusagen auf dem Grund des Wesens.

Der spirituelle Mensch braucht sich nicht zu betäuben, indem er in Scheinwelten oder in eine Sucht flüchtet. Dazu zähle ich die gigantische Unterhaltungsindustrie. Ich bin nicht gegen einen gemütlichen Fernsehabend. Leider verlieren nicht wenige Menschen das gesunde Maß. Ich genieße bewusst mein Leben. In der Freizeit lese ich gerne ein gutes Buch oder gehe in die Natur. Gerne bin ich mit dem Fahrrad unterwegs. Dann möchte ich aber auch mit anderen Menschen unterwegs sein. Mit ihnen teile ich die Freude am Feiern der Feste, was Sinn und Kraft schenkt. Geteilte Freude ist bekanntlich doppelte Freude. Sich in der Gemeinschaft von erlösten Menschen zu bewegen, Teil dieser Gemeinschaft zu sein, kann wirklich das Herz mit Freude erfüllen! Diese Freude lässt sich eigentlich nicht durch eine Beschreibung erklären, man muss sie selber erfahren! Mir geht es wirklich gut. Gerade weil ich mit Christus verbunden bin. Denn ich weiß: Wenn ich mir etwas Gutes tue, kann ich es auch anderen Menschen gönnen. Ich tue anderen Menschen, ich tue mir etwas Gutes, weil und wenn ich liebe. Das Buch wäre nicht vollständig, wenn ich nicht darüber schreiben würde, dass die Liebe zur guten Laune verhilft. Auch und gerade sie ist verwandt mit der Achtsamkeit. Man kann nicht in der Vergangenheit lieben, man kann sich höchstens an eine vergangene Liebe erinnern. Man kann auch nicht in der Zukunft lieben. Liebe geschieht im Hier und Jetzt. Ein Mensch, der liebt, ist achtsam. Wenn Menschen sich verlieben, wenn sie lieben, dann achten sie auf ihr Gefühl, dann achten sie das Gefühl des anderen Menschen. Es war wieder Goethe, der uns tiefsinnige Aussagen zur Liebe überlassen hat:

„Woher sind wir geboren?
Aus Liebe.
Wie wären wir verloren?
Ohne Liebe.
Was hilft uns überwinden?
Die Liebe.

Kann man auch Liebe finden?
Durch Liebe.
Was lässt nicht lange weinen?
Die Liebe.
Was soll uns stets vereinen?
Die Liebe."

Es ist die für uns Menschen verborgene Wahrheit, dass jeder Mensch geliebt wird. Muss man daran glauben? Man kann es erfahren, wenn man die Liebe zulässt. Ich bin überzeugt, dass jeder Mensch „mindestens" die Liebe Gottes spüren könnte. Da ich durch und durch geliebt bin, darf ich diese Liebe auch spüren. Sie könnten das auch erleben! Warum tun Sie es nicht? Sie haben Angst, dass die Beziehung zu Gott oder zu Christus schwer ist? Sie denken: Das belastet mich?

Nein, Christus oder Gott wollen Sie zum glücklichen Leben befreien! Lassen Sie es zu! Werden Sie glücklich! Wird nicht die Schrift der Christen „Frohbotschaft" genannt? Einige Menschen bringen religiöse Texte in eine Verbindung mit langweiligen Religionsunterrichtsstunden oder moralischen Predigten. Sicher sind da Fehler gemacht worden. Aber was ist denn die Alternative zu einer frohen Botschaft? Doch wohl nicht diejenige, die wir täglich und stündlich in den Medien hören: die schlechte Nachricht. Wir hören von Terror, Krieg und Katastrophen. Dabei wissen wir alle: Die Gedanken sind frei. Keiner zwingt uns, diese Nachrichten zu hören. Sie belasten uns nur. Sie machen uns Angst. Wir sind für unsere Gedanken verantwortlich. Gesunde und stabile Menschen sind Naturen, die sich abgrenzen, die sich angewöhnt haben, möglichst positiv zu denken. Sie verhalten sich wie eine Sonnenblume, die sich dem Sonnenlicht zuwendet. Sie sind glücklich.

Wenn Christus der Sohn Gottes ist, dann will Gott, als „Vater“ (ein menschliches Bild) nur eins: eine glückliche Tochter, einen glücklichen Sohn. ***Das sind Sie!***

Seit ich das begriffen habe, bin ich wirklich glücklich. Brauche ich heute als Mensch in einem der reichsten Länder der Welt noch Gott? Ich kann äußerlich gesehen gut leben, meine Existenz- und sogar meine Kultur-Bedürfnisse werden befriedigt, aber ich weiß: Niemals wird der äußere Wohlstand die Bedürfnisse meiner Seele und die Sehnsucht meines Geistes befriedigen. Meine Seele sucht nach mehr. Sie sucht nach der Wahrheit, die sie nur dann findet, wenn das befriedigt wird, was in meinem Innersten liegt, was in jedem Menschen lebt: das Bewusstsein, dass ich mit den anderen Menschen verbunden bin und bleibe, dass ich für mich alleine nie das wahre Glück finden kann. Es kann mir letztlich nicht gutgehen, wenn es anderen Menschen schlecht geht. Der andere Mensch spiegelt meine Seele, ob ich das will oder nicht. Diese Spiegelung kann ich verdrängen, aber damit löse ich das Problem nicht. Es geht mir erst gut, wenn ich Verantwortung übernehme. Denn alles andere wäre Selbstbetrug. Dabei darf ich zu meinen Grenzen stehen. Ich allein kann die Welt nicht retten, ich kann nur meinen Beitrag leisten. Was immer ich tue, um die Nöte anderer Menschen zu lindern, macht mich innerlich reicher und schenkt mir Erfüllung. Vorzugsweise wirke ich vor Ort. Auch in meiner Umgebung gibt es Menschen, die Hilfe brauchen. Dabei geht es gar nicht immer ums Geld. Sie brauchen einen Menschen, der ihnen zuhört, der sie versteht, der ihnen mit einer kleinen Geste Zuneigung zeigt. Sie fühlen sich beachtet. Die Einsamkeit fällt weg. Wenn ich Geld spende, dann unterstütze ich meistens und gerne christliche Ordensgemeinschaften, weil ich weiß, dass diese verantwortungsvoll damit umgehen. Im christlichen Geist wirken da Männer und Frauen oft selbstlos, bauen Schulen, nehmen Waisenkinder auf, sorgen für frisches Wasser und Nahrung. Sie wirken im Gesundheitswesen, beugen Krankheiten vor und begleiten sterbende Menschen. Sie werden jetzt vielleicht denken: „Was hat das alles mit der Lebensfreude zu tun?" Es ist eine alte Erfahrung, dass gute Taten die Lebensfreude verbessern. So hat der österreichische Volksschriftsteller Peter Rosegger einmal treffend geschrieben:

„Ein guter Gedanke macht froh,
erst recht eine gute Tat."

Alles, was wir aus Liebe und Mitleid für das Heil der Menschen und der anderen Geschöpfe tun, ist gelebtes Christentum und ist richtig verstandener Buddhismus. Jede gute Tat kehrt zu uns zurück.

Dazu zähle ich:

- Verständnis für andere Menschen aufbringen
- Die Nöte der Menschen sehen und dementsprechend handeln
- Das Leben mit anderen teilen und es feiern
- Sich zur Meditation zurückziehen
- Sich den erhabenen Lehren der Religionen öffnen
- Das Schwere als Reifeprozess sehen
- Das irdische Leben nicht überbewerten
- Das Leben auf Erden als Auftrag, Aufgabe sehen
- Den Frieden und die Menschlichkeit fördern
- Stets das Positive sehen, positiv denken

Diese Einsichten, die eine Zusammenfassung der vorausgegangenen Seiten sind, bieten Ihnen gesunde christliche Gemeinschaften an, die Sie auch an Ihrem Wohnort oder mindestens in Ihrer Umgebung finden. Machen Sie doch den ersten Schritt, falls Sie nicht schon einer solchen Gemeinschaft angehören. Sie werde es nicht bereuen. Aber auch mit jeder kleinen Liebestat können Sie Ihre Lebensfreude behalten, oder sogar steigern, denn geteilte Freude ist doppelte Freude!

„Die Liebe allein versteht das Geheimnis,
andere zu beschenken und
dabei selbst reich zu werden.“
CLEMENS VON BRENTANO

Es gehört zum Rezept derjenigen Menschen, die sich Lebensfreude bewahren wollen, dass sie täglich eine gute Tat verrichten. Das können nur Menschen, die bewusst leben, die ihr Leben und Handeln immer wieder reflektieren. Deshalb gehört dieses Kapitel über die Achtsamkeit zum Buch, welches die Anstiftung zur Lebensfreude zum Thema hat.

Das Gegenteil von Achtsamkeit ist die Herabdämpfung des wachen Bewusstseins. Deshalb habe ich oben auch über die Sehnsucht des Geistes geschrieben. Der wache Mensch sucht und ringt nach Erkenntnis, letztlich nach der Vereinigung mit Gottes Geist.

Kürzlich war ich nach einer Weiterbildung an einem sonnigen Tag in einer kleinen Stadt. Ich musste auf meinen Bus warten, der erst in einer halben Stunde fuhr. So ging ich einige Schritte den Fluss entlang. Viele junge Erwachsene und Jugendliche rauchten einen Joint und tranken Alkohol. Man merkte, dass sie schon einiges intus hatten. Ich habe mir überlegt, was sich diese Menschen unter „Leben“ vorstellen. Ich möchte hier nicht moralisieren. Ich versuche einfach, diese Menschen zu verstehen. Was bewegt sie? Kann es sein, dass sich in unserer Gesellschaft ein Sinndefizit ausbreitet? Auf der anderen Seite erlebe ich viele junge Menschen, die etwas aus ihrem Leben machen wollen. Sie strengen sich an, haben Ziele. Sie wollen ihren Platz in der Gesellschaft finden, nicht irgendeinen, sondern einen, an dem sie sich entfalten und gleichzeitig den Menschen dienen können. Leider haben nicht alle Menschen die gleichen Chancen. Wir empfinden das als ungerecht. Und doch sehen wir, wie viele Menschen mehr aus ihrem Leben machen könnten. Sie müssten sich einen inneren Ruck geben. Sie geben sich zu schnell mit einem oberflächlichen Leben zufrieden. Gerade eine gesunde Spiritualität hilft uns, auf unsere innere Stimme zu hören, die uns sagen kann, was wir mit unserem Leben und mit unseren Möglichkeiten anfangen sollen. Denn in der anfangs genannten Stille, die wir pflegen, erwacht der Wille zu diesem Ruck. Wenn wir äußerlich zur Ruhe kommen, diese Ruhe innerlich mit der Anwesenheit des göttlichen Wesens füllen, dann erwacht in uns das wahre Wesen, das uns antreibt, unseren Platz zu finden. Dann hören wir auch besser die Stimme der geistigen Führung. Sie will und kann uns in ein erfülltes Leben führen.

„Wer sucht, der findet,
wer anklopft, dem wird aufgetan.“
Christus

Es ist eigentlich ganz einfach: Das Wesen der Liebe vermag jede Seele zu berühren. Das ist eine alte Erfahrung. Haben Sie sich schon einmal verliebt? Waren Sie schon einmal, wie man so sagt, „verliebt bis über beide Ohren"? Dann haben Sie gespürt: „Ich bin gemeint!" Das eben genannte „Wesen der Liebe" nennen Menschen „Jesus" oder „Christus" oder „Gott". In der Kirche wird die große Liebe in einen Zusammenhang mit einem Sakrament gebracht: Ein Sakrament bringt die besondere Gegenwart Gottes zum Ausdruck. Mit anderen Worten: Die große Liebe haben Menschen in einen Zusammenhang mit der befreienden und heilenden Gegenwart Gottes gebracht. Sie haben damit gleichsam bezeugt: „Das Verliebtsein stammt von Gott; er will uns die wahre Liebe schenken."

„Das höchste Glück im Leben ist die Gewissheit,
geliebt zu sein – so, wie wir sind, oder besser,
obwohl wir so sind."
VICTOR HUGO

Die Liebe ist das stärkste Gefühl. Die Liebe schenkt uns das wahre Glück. Lieben kann, wer geliebt worden ist und geliebt wird. Liebe und Achtsamkeit gehören also wirklich zusammen: Wer bewusst lebt, der liebt; wer liebt, der lebt bewusst, im gegenwärtigen Augenblick.

„Ein Weiser wurde einmal gefragt,
welches die wichtigste Stunde sei,
die der Mensch erlebt,
welches der bedeutendste Mensch sei,
der ihm begegnet,
welches das notwendigste Werk sei.
Die Antwort lautete: Die wichtigste Stunde
ist immer die Gegenwart,
der bedeutendste Mensch immer der,

der dir gerade gegenübersteht,
und das notwendigste Werk ist immer die Liebe."
MEISTER ECKHART

Eine liebende Seele kann verzeihen. Und wer nicht verzeihen kann, der kann nicht lieben. Wer keinen inneren Frieden gefunden hat, der wird nie mit einer guten Laune leben. Er wird sich um sich selbst drehen, um die immer gleichen Sorgen, Probleme und Ängste.

„Und doch sind Mauern zwischen uns und andern… Unser Gefängnis ist das eigne Wesen und seine Mauern nichts als unsere Angst", lesen wir, singen Menschen in einem modernen Lied. Der Text stammt von Markus Jenny. Dann aber wird gesungen, dass es ein Wesen gibt, das allen Menschen Vergebung und Liebe schenkt. Es ist ein Kirchenlied. Und am Ende wird immer der Refrain gesungen, der allen, die feiern, Lebensfreude vermittelt:

„Weit wie das Meer ist Gottes große Liebe, wie Wind und Wiesen ewiges Daheim."

Wer dem anderen Menschen nicht vergeben kann, wird nie Frieden finden. Ich kann auch schreiben: Er wird nie mit einer guten Laune leben. Kaum wird ein Mensch einem anderen Menschen etwas verzeihen können, wenn er nicht selber Verzeihung und Liebe erfahren hat. Das Zusammenleben und das Zusammenbleiben funktioniert, wenn Menschen einander vergeben und wenn sie Liebe verschenken.

Nur ein Wesen, das mehr liebt, als wir Menschen lieben können, wird uns in die größere Liebe einführen, wird uns mehr lieben lassen. Es ist eine ewige Liebe, die in uns veranlagt ist. Sie überdauert jeden Abschied, sie überdauert den Tod.

Christus, das Wesen der Liebe, hat einmal gesagt: „Ich gehe, um für euch einen Platz vorzubereiten“ (Joh. 14,2). Auf den ersten Blick wird die Stelle so gedeutet, dass Christus seine Freunde auf den bevorstehenden Abschied vorbereiten wollte. Es gibt aber auch noch einen anderen Aspekt: Der „Platz“ ist nicht erst im „Himmel“ für uns bereit, sondern schon hier auf Erden! Vielleicht haben einige Menschen ihn noch nicht gefunden. Vielleicht klingt es sehr banal. Sie denken: „Diese Formulierung ist veraltet, verstaubt.“ Viele sind auf der Stufe eines kindlichen Glaubens geblieben. Sicher ist der Himmel nicht vergleichbar mit einem vergrößerten irdischen Paradies. Er ist ein Zustand, eine Befindlichkeit. Man kann diese mit Geborgenheit, vollkommene Freude, Heimat beschreiben. Doch bleibt jede Beschreibung, die aus Formulierungen besteht, die aus unserer vergänglichen Welt stammen, wohl weit hinter dem zurück, was dieser „Himmel“ ist.

Zurück zum schon erwähnten „Himmel auf Erden“. Wollen Sie diesen heute erleben?

Ich zeige es Ihnen: Sie müssen „nur“ großzügig sein. Okay, das ist vielleicht nicht ganz einfach... Doch so werden Sie den Himmel auf Erden erfahren und mit Glück und Freude leben. Das braucht Mut, ich weiß. Investieren Sie ein wenig Mut in die Sache, die Ihnen andauernde Lebensfreude schenkt! Bedenken Sie, was das für Sie bedeutet!

Alles, was Sie aus reiner Liebe verschenken, kommt als Lebensfreude zu Ihnen zurück. Das ist kein leeres Versprechen, das ist ein Lebensgesetz. Ich habe es erfahren. Millionen haben es in verschiedenen Kulturen und allen Zeiten erfahren. Das ist der „Himmel“. Doch wir leben als Menschen auf der Erde, noch nicht im Himmel; höchstens in bestimmten Augenblicken fühlen wir uns „abgehoben“. Die Liebe verleiht uns diese Befindlichkeit. Dazu gehört die Liebe zum Leben. Doch wie können wir unser Leben lieben? Indem wir es als Aufgabe sehen, indem wir einen Sinn suchen und finden. Gerade Seelenführer können uns zu Sinn anstiften.

„Wer keinen Sinn im Leben sieht,
ist nicht nur unglücklich,
sondern kaum lebensfähig."
ALBERT EINSTEIN

Es ist die Erfahrung sehr vieler Menschen, dass ein Leben mit Sinn Lebensfreude schenkt.

Der Mystiker Niklaus von Flüe (Im Volksmund „Bruder Klaus" genannt), der mit seinen Visionen weit über das eigene Land hinaus bekannt geworden ist, hat u.a. gerade in Naturerscheinungen Bilder für die Seele entdeckt, die Sinn vermitteln.

Für den Werdegang des großen Mystikers Niklaus von Flüe waren seine Visionen von wichtiger Bedeutung. Sie haben ihm den Weg gewiesen – für sein äußeres und für sein inneres Leben. Seine Zeitgenossen haben berichtet, dass er den Menschen jeweils mit einem freundlichen Lächeln begegnet sei. Er konnte mit guter Laune leben, weil er den inneren Frieden gefunden hat.

Drei seiner Visionen (Bilder) sollen hier kurz erläutert werden: das Öl, der Stein und der Stern.

Das Öl

Vom heiligen Niklaus von Flüe wird berichtet, dass er sich an seine eigene Taufe – wenige Tage nach seiner Geburt – zeitlebens erinnern konnte. Einen prägenden Eindruck hat dabei das (heilige) Öl bei ihm hinterlassen.

Das Öl, Zeichen der königlichen Berufung, - früher wurden Könige, Priester und Propheten damit gesalbt, - hat in Bruder Klaus das Bewusstsein gestärkt, etwas ganz Besonderes zu sein, eine ganz besondere Aufgabe im Leben zu haben, seinen ureigenen Weg zu gehen, seiner innersten Berufung zu folgen. Das Bild des geweihten Öls, dass er sich immer wieder vor Augen hielt, hat ihm Würde, Stärke, Ausdauer, Standhaftigkeit, Selbstbewusstsein und Ausstrahlung verliehen.

Eigenständig ist er seinen Lebensweg gegangen und konnte so seine Mitmenschen „aufrichten", wenn sie in Not waren und seinen Rat suchten.

Christen glauben, dass sie durch die Salbung mit Öl in der Taufe untrennbar mit Christus verbunden werden.

Das Öl bedeutet:

- Du bist etwas ganz Besonderes.
- Du bist einmalig und kostbar.
- Geh immer deinen Weg, in Treue und mit Mut.
- Folge deiner inneren Stimme!

Diese Salbung könnte folgende Fragen an uns richten:

Was ist „das Öl" *in meinem Leben, das mich antreibt? Welche Sehnsucht lebt in mir? Welcher Wunsch, welches Ziel?*

Der Stein

Auch das Bild des Steines hat den heiligen Niklaus von Flüe sein Leben lang begleitet. Es erinnerte ihn, so seine eigenen Worte, an die Festigkeit und Beständigkeit seines Wesens. Mit beiden Füßen im Leben stehen, feststehen auf einem Grund. Dieser Grund war für ihn Gott, die Beziehung zu ihm im täglichen Gebet. Sie hat sein Wesen geformt. Zuverlässigkeit, Klarheit, Standfestigkeit und Treue waren die Früchte seines Betens und Meditierens.

Der heilige Niklaus von Flüe hat konsequent nach äußerer und innere Klarheit gesucht, oft sicher auch darum gerungen. Er wollte, wie er selber gesagt hat, ein „einig Wesen" sein. Ein Wesen, das sich nicht verliert. Wie aktuell ist dies doch heute, wo so viele Eindrücke durch unsere Seele gehen! Eine Reizüberflutung lähmt viele Menschen.

Fest sein, beständig sein wie ein Stein, dieses Bild kann uns motivieren, unser Leben zu überdenken. Klarheit schenkt Wahrheit.

- Kann man sich auf mich verlassen?
- Stehe ich „fest" in meinem Leben?
- Wo gibt es „Steine" in meinem Leben, die ich loslassen sollte?
- Was hat in meinem Leben wirklich Bestand?
- Was macht mich „steinreich"? (Hier ist meine Fantasie gefragt!)

Wieder möchte ich hier betonen, dass diese Fragen nicht als Moralkodex verstanden werden sollen. Sie helfen letztlich, dass wir mit Lebensfreude unsere Wege gehen können, denn diese bauen sich auf dem auf, was beständig ist. Ich erinnere hier an das Kapitel, in dem es um tragfähige Rituale ging. Menschen achten mich, wenn sie sich auf mich verlassen können. Ihre Achtung schenkt mir Befriedigung und damit Lebensfreude.

Der Stern

Ebenso wie das Bild, die Vision des Steines empfängt Niklaus von Flüe die Vision vom Stern schon im Mutterleib, also noch vor seiner Geburt!

Aber auch später im Flüeli-Ranft, in seiner Einsiedelei, sieht er diesen Stern immer wieder.

Ein Stern erhellt die Nacht. Er ist Orientierungspunkt, kann den Weg weisen, aus Unsicherheit und Not befreien. Er lässt uns aber auch aufblicken, lenkt unseren Blick von der Erde zum Himmel, verweist uns sozusagen auf das, was über uns hinausweist: auf das Göttliche!

Niklaus von Flüe wollte für die Menschen so ein „Stern" sein. In seiner Zeit haben sich Menschen z.B. bei der Schifffahrt an den Sternen orientiert. Im Flüeli-Ranft hat er vielen Menschen geholfen, ihren Weg wieder zu finden, sich neu zu orientieren, auch den eigenen Willen zu erkennen, Frieden zu finden mit sich selbst. Er hat Licht in die Dunkelheiten ihres Lebens gebracht. So wurde er damals gleich einem Stern zum Orientierungspunkt und Wegweiser für viele Menschen! Hier sehen wir einmal mehr, wie die Stille und der Rückzug Voraussetzungen sind, den Leitstern im eigenen Leben zu finden. Dieses Wahrbild provoziert im offenen und ehrlichen Menschen Fragen:

- Welchem Stern folge ich? Wer oder was schenkt mir Orientierung?
- Kann ich für Menschen ein Stern der Orientierung sein?
- Was ist mir wichtig im Leben?
- Habe ich Auszeiten? Kann ich mich zurückziehen?
- Gibt es in meinem Leben noch Sternstunden? Welche sind das?

An diesen Fragen sehen wir, wie die Botschaft dieses Mystikers auch und gerade heute Menschen Anregungen geben kann, wenn sie den inneren Frieden suchen. Vielleicht fragen Sie sich, warum ich hier länger auf den Mystiker Niklaus von Flüe eingehe. Er war ein erfolgreicher Mann und Familienvater, ein geachteter Politiker, genoss Ansehen und besaß ein rechtes Vermögen. Trotzdem hat er alles aufgegeben und sich in die Einsamkeit und Stille zurückgezogen. Warum? Weil er erkannt hat, dass er den wahren Frieden jenseits der äußeren Gegebenheiten findet. Man findet ihn im Herzen oder nirgends. Und mit dem inneren Frieden findet man das wahre Glück. Der innere Mensch, der ewige oder geistige Mensch, erfährt diesen Frieden und dieses Glück in dem, was diese Welt übersteigt: Nennen wir es „Gott“, „Christus“, „geistige Führung“ oder „höheres Ich“. „Stern“ und „Stein“ sind Bilder dafür. Sie sind Bilder für Beständigkeit (innere Heimat) und Sinn (Orientierung), welche auf Gott, Christus oder auf die geistige Führung hinweisen. Tiefe Erfüllung findet der Mensch dort, wo er für seine Mitmenschen Heimat und Orientierung sein darf.

„Träume halten uns am Leben“, sagen Menschen. Für spirituelle Menschen sind Träume nicht mehr so sehr abhängig von materiellen Dingen. Sie freuen sich über Erfolge auf dem spirituellen Weg. Je mehr ein Mensch mit Gelassenheit und Freude, mit guter Laune lebt, desto weiter ist er auf diesem inneren Weg gekommen. Und je mehr ein Mensch anderen Menschen Orientierung und Halt geben kann, desto näher ist er der Erleuchtung.

Wer oder was gibt unserem Dasein Sinn? Doch vor allem unser Zusammenwirken in einem guten Geist, im gelungenen Miteinander. Dann enden wir nicht dort, wo am Ende der oben genannten Geschichte alle betrübt und beschämt nach Hause gehen. Sie erinnern sich: Jeder hätte eine Flasche Wein mit zum Fest bringen sollen. Jeder hat geglaubt: „Auf mich kommt es nicht an." Einige haben sie vielleicht mit Wasser gefüllt, haben sich gedacht: „Das merkt keiner." Deshalb fand das Fest nicht statt. Denn es gab „nur" Wasser. Hier haben wir auch eine Deutung der Hochzeit zu Kana, die im Johannesevangelium beschrieben wird: Mit der Beziehung zu Christus erwacht die Festfreude in uns! Diese beginnt dort, wo Sie sich sagen: „Auf mich kommt es an!" Es können kleine Gesten im Alltag sein, die anderen Menschen Freude bereiten. Und diese Freude wird immer wieder zu Ihnen zurückkehren – als Lebensfreude!

Bereits der griechische Philosoph Plutarch hat erkannt, dass ein angenehmes und heiteres Leben nie von äußeren Dingen kommt. Vielmehr bringt der Mensch aus seinem Inneren Zufriedenheit hervor. Es geht also um unsere Sicht, um unsere Einstellung. Wir können lernen, die Lebensfreude einzuüben, indem wir uns konsequent an die Aussagen dieses Buches halten, vor allem: indem wir selber die Weichen dafür stellen.

So hat auch Goethe einmal beschrieben, dass es ohne Eigeninitiative, ohne Anstrengung kein zufriedenes Leben geben kann:

„Neun Vorbedingungen für ein zufriedenes Leben: Gesundheit genug, um Arbeit zur Freude zu machen. Wohlstand genug, um die Bedürfnisse zu erfüllen. Kraft, um mit Widrigkeiten zu ringen und sie zu beseitigen. Gnade genug, um deine Sünden zu offenbaren und sie abzulegen. Genug Geduld, um zu schuften, bis etwas Gutes herausgekommen ist. Edelmut genug, um im Nachbarn das Gute zu sehen. Liebe genug, die dich bewegt, anderen nützlich und hilfreich zu werden. Glaube genug, um die Dinge Gottes real werden zu lassen. Hoffnung genug, um alle Ängste um die Zukunft verschwinden zu lassen."

Von unserer persönlichen Entscheidung hängt es ab, ob wir mit guter Laune leben oder nicht. Sie selbst bestimmen, wie es Ihnen geht. Dies gilt für Ihre Einstellung, was Ihr Leben im Zusammensein mit anderen, am Arbeitsort, im Freundeskreis, in der Freizeit betrifft: Wenn wir es schaffen, an diesen Punkt zu kommen, an dem wir spüren: „Auf mich kommt es an!", dann werden wir dauerhaft mit guter Laune leben! Denn dann wird uns das Leben antworten: „Du wirst gebraucht!" Dann werden wir alles bekommen: Sinn, Erfüllung, Befriedigung, Glück! Goethe schrieb: „Nützlich und hilfreich" sollen wir werden. Leben wir so, empfinden wir uns im Einklang mit der Welt, dann werden wir dadurch immer deutlicher die helfende und heilende Gegenwart desjenigen Wesens wahrnehmen, das Menschen mit „Christus" bezeichnet haben und heute so nennen. Wer das Leben als Auftrag sieht, findet Sinn und Erfüllung.

In allen Zeiten entdecken Menschen Christus als Seelenführer. Er wurde der „Morgenstern" genannt. Wer sich an ihm orientiert, wird zu einem Leben mit Zufriedenheit angestiftet. Wer ihm vertraut, der wird in eine gute und sinnvolle Zukunft geführt. Er ist es, der uns in dieser und in der anderen Welt unseren Platz zuweist oder besser: finden lässt. Er will tatsächlich, dass wir alle das Leben in Fülle haben. Er will, dass wir glücklich sind! Er ist die Liebe des Universums! Wenn wir uns in seiner heilenden Gegenwart erkennen, dann haben wir Lebensfreude. Dann erfahren wir eine Geborgenheit, die uns eine innere Heimat schenkt. Hier höre ich auf zu schreiben, denn jetzt ist es für mich Zeit, in der Stille diesem Wesen der Liebe zu begegnen.

Nachwort in Bezug auf Mr. Nasthusi da Gusi

„Es ist nicht genug, zu wissen,
man muss es auch anwenden,
es ist nicht genug, zu wollen,
man muss es auch tun."
J. W. v. Goethe

Braungebrannt, mit Hut und Schnurrbart trat er auf: Mr. Nasthusi da Gusi. Mit einem freundlichen Lächeln begrüßte er die Zuhörerschaft, verbeugte sich und verteilte seine Visitenkarten. Seine Ausstrahlung hat mich und wohl auch alle anderen Menschen im Saal sofort fasziniert. Fast alle blickten ihn an, warfen dann einen kurzen Blick auf die Visitenkarte.

Darauf stand nur sein Name.

Dann erklärte er uns, was dieser bedeutet:

„Guten Abend, gestatten Sie, dass ich mich vorstelle.

Mein Name ist Na-st-hu-si-da-Gu-si. Mein Name ist zugleich ein Programm, das auch Ihnen Lebensfreude schenkt:

Natur
Stille
Humor
Sich etwas gönnen
Danken

Gutes tun
Sich freuen

Diese sieben Punkte sollten wir uns merken. Sie schenken uns dauerhaft Freude!"

Erst allmählich begriff ich, dass sich sein Name aus den jeweils ersten zwei Buchstaben der von ihm genannten Begriffe zusammensetzte.

Eine Eselsleiter, die mir hilft, mit guter Laune zu leben! An jedem Tag, in jeder Stunde!

Wenn trübe Gedanken uns die Lebensfreude rauben, sollten wir uns sofort diese Punkte in Erinnerung rufen.

Ob ihm denn dies immer gelingen würde, wollte ein Besucher der Veranstaltung wissen. Er gab zur Antwort:

„Ich denke dann an den Fußball!"

Alle blickten ihn mit Erwartung fragend an, er fuhr fort:

„Ich nehme solche Gedanken als spielerische Herausforderung. Wenn ich bei einem negativen Gedanken hängen bleibe, hat mein Gegner ein Tor geschossen. Gelingt es mir, diesen Gedanken durch einen positiven Gedanken zu ersetzen, dann habe ich das Tor geschossen und gehe in Führung."

Im Laufe seiner Ansprache wurde klar: Mit „Natur" meinte er auch genügend Bewegung, ein Leben mit Rhythmen, Tageslicht und gesunder Ernährung. „Stille" war ein Wort, das er auch für Spiritualität, Meditation und genügend Schlaf brauchte. Wer sich täglich etwas gönnt, wertet sich selber auf. Humor meint, alles mit Abstand und Vertrauen sehen, sich die Zuversicht bewahren, gelassen bleiben. Beim Danken geht es darum, sich daran zu erinnern, was man schon alles hat, schätzen, was Freude bereitet. Gutes tun: lieben und geliebt werden. Wer liebt, wird geliebt. Wer sich auf etwas freut, ist glücklich, seine Gedanken sind lichtvoll, eine positive Stimmung erfüllt sein Wesen.

Es reicht nicht, ein Buch zu lesen, das mir aufzeigt, wie ich mit guter Laune leben kann. Ich muss mir den Inhalt einverleiben, indem ich ihn täglich lebe. Mir kam ein Mystiker in den Sinn, der einmal geschrieben hat:

„Freund, es ist auch genug:
Im Fall du mehr willst lesen,
so geh und werde selbst
die Schrift und auch das Wesen."
Angelus Silesius

Seine Visitenkarte trage ich immer bei mir. Er hat mir erlaubt, seine Einsichten hier als Nachwort zu veröffentlichen. Jeden Tag sehe ich sie mir an. Dann taucht das Bild des freundlichen Menschen vor meinem inneren Auge auf. Und jedes Mal sage ich mir: Er hat recht! Er hat die Lebensfreude entdeckt.

Vielleicht wollen auch Sie eine solche Visitenkarte bei sich tragen?

Und wenn ich das lebe, dann lebe ich mit guter Laune, dann stecke ich andere Menschen an, mit guter Laune zu leben. Dann stecken sie mich an. Dann leben wir mit Freude! Dann sind wir glücklich!

Sich freuen - die letzten zwei Buchstaben seines Namens. Sie rufen uns in Erinnerung, dass unsere Fähigkeit, sich zu freuen, uns in gute Laune versetzt. Die Aussage von Augustinus „Die Seele ernährt sich von dem, worüber sie sich freut" habe ich als Leitsatz an den Anfang des Buches gestellt. Zum Schluss greife ich diese Freude nochmals auf: Glücklich ist, wer sich freut. Er lebt mit guter Laune. Der Mann, der unter anderem am Krankenlager der stigmatisierten Nonne Anna Katharina Emmerick ihre Visionen festhielt, kam gerade aus der Tiefe der Mystik zum Fazit:

Glück hat immer der gefunden,
der sich seines Lebens freut.
Clemens Brentano

Dieses Fazit ist also gerade keine Weltverneinung.

Ein Mensch, der sich freut, bejaht das Leben, er hat oder entwickelt „Talent für sein Schicksal". Ebenso gehört ein gesundes Urteilsvermögen dazu. Auch das ist lernbar. Wer sich dem Leben nicht verschließt, sondern lernbereit bleibt und Erfahrungen sammelt, der schafft sich eine gute und solide Grundlage für ein Leben mit guter Laune. Leben ist Veränderung. Deshalb kann nur der längerfristig oder dauerhaft mit einer guten Laune leben, der sich diesen Veränderungen stellt. Dem inneren Menschen reicht dazu ein äußeres Vermögen nicht aus. Ich könnte zusammenfassen: Ein Mensch, der auf sein Herz (=Bejahung der Aufgaben, positive Einstellung, Vertrauen), Kopf (Vernunft, Denken, Erfahrung, Abwägen, Rat einholen) und Bauch (Gefühl, Selbstfindung) hört, findet sich in den verschiedenen Situationen und Herausforderungen des Daseins zurecht. Wenn Sie zurzeit keine gute Laune haben oder ihnen diese vor einiger Zeit aus welchen Gründen auch immer abhandengekommen ist, dann jammern Sie nicht, sondern nutzen Sie die Zeit, um herauszufinden, was Sie tun können. Gehen Sie vielleicht nochmals das Buch durch und entwickeln Sie eine Strategie. Halten Sie an dieser fest. Planen Sie maßvoll, überfordern Sie sich nicht. So werden Sie es mit der Zeit schaffen! Viel Erfolg!

Weitere Bücher aus dem Verlag Via Nova:

Lebenskraft im beruflichen Alltag

Mit dem 3-Wochen-Lebensfreude-Programm

Urs-Beat Fringeli

Paperback, 136 Seiten, ISBN 978-3-86616-133-7

Viele Menschen fühlen sich heute durch Arbeitsbedingungen, zunehmende Leistungsanforderungen und Beziehungskonflikte in ihrem Arbeitsalltag belastet, gestresst, überfordert, ihrem Wesen entfremdet. Der Autor Urs- Beat Fringeli, heute als Pfarrer, Psychologe und Seminarleiter in der Erwachsenenbildung, vorher mehrere Jahre erfolgreich in der Wirtschaft tätig, hat aus seiner Erfahrung zahlreiche Bücher zur Lebenshilfe veröffentlicht. In diesem Buch zeigt er am Beispiel eines beruflichen Tagesablaufs, wie man die einzelnen Belastungen und Konflikte durch Selbstbesinnung und eigenverantwortliches humanes Verhalten bewältigen kann. Er stellt erprobte Methoden vor, gibt Orientierung und Anregungen, wie man sich vor Stress und Burnout schützen, seine Lebensfreude steigern, Energien bündeln und freisetzen kann. Viele praktische Übungen, besonders das 3-Wochen-Lebensfreude-Programm, machen dieses Buch zu einem wertvollen Begleiter auf dem eigenen Weg in eine lohnenswerte Zukunft.

Im Einklang mit sich und der Welt leben

Die Kräfte der Natur nutzen für mehr Lebensqualität

Urs-Beat Fringeli

Paperback, 208 Seiten, ISBN 978-3-86616-179-5

Erprobte, praktische Übungen, lebensnahe Anregungen und Tipps helfen dem Leser, in sich geistige Lebens- und Heilkräfte zu entwickeln und sein Leben im Frieden mit sich und seiner Mitwelt zu gestalten. Die wachsende Sensibilisierung für Nachhaltigkeit und Schutz unserer Erde weckt in vielen Menschen das Bedürfnis, etwas konkret dafür zu tun. Dieses Buch vermittelt ein ganzheitliches Welt- und Menschenbild, eine neue „Spiritualität der Natur", die den Menschen wieder stärker in Natur und Kosmos einbindet, ihm Tatkraft, Gesundheit, Harmonie und Lebensfreude, mehr Lebensqualität schenkt.

Gönn dir dein Glück

Im Hier und Jetzt glücklich sein

Urs-Beat Fringeli

Paperback, 160 Seiten, ISBN 978-3-86616-241-9

Dieses „Kraft-Buch" ist eine Anleitung zum Glück, anwendbar in den verschiedensten Lebenssituationen. Mit jedem Abschnitt wird die Einstellung des Lesers dahingehend bestärkt oder verändert, dass er mehr Gelassenheit und Lebensfreude erfährt und einübt und die wahren und schönen Momente auskostet. Es überrascht durch viele Anregungen, dem Augenblick zu vertrauen, das Leben zu bejahen: Mut zum Leben, zu autonomem Denken und Handeln, zu sinnvoller Veränderung bewirken Erfolg und Glück, wie die Beispiele erfolgreicher und glücklicher Menschen bestätigen.

Sinn finden auf der Fahrt des Lebens

Freude, Frieden und Glück in sich erfahren

Urs-Beat Fringeli

Taschenbuch, 176 Seiten, ISBN 978-3-86616-291-4

Machen Sie sich bereit für eine abwechslungsreiche, fantastische „Sinn - reise" und lassen Sie sich - ganz entschleunigt - zu den wunderbarsten inneren Orten navigieren, die zeigen, wie wir in jedem Moment unseres Lebens, Vertrauen finden können. Denn Sinn zu erfahren, kann tatsächlich gelernt und trainiert werden! Nicht nur das zeigt dieses Buch, sondern es schärft auch die Sinne dafür, im Alltäglichen stets das Wesentliche und Sinnhafte zu erkennen. Lassen Sie sich mitnehmen auf eine der vielleicht sinnvollsten Leseerfahrungen Ihres Lebens und lassen Sie sich inspirieren von einem neuen Blick auf die Welt, der Ihnen dauerhaft innere Freude und Erfüllung schenken kann.

Die Kunst der heiteren Gelassenheit

Urs-Beat Fringeli

Taschenbuch, 176 Seiten, ISBN 978-3-86616-381-2

„Ändern wir, was wir ändern können, lassen wir los, was wir nicht ändern können!"

Kennen Sie auch diese tiefe Sehnsucht, endlich innerlich zur Ruhe zu kommen? In diesen äußerlich bewegten, unsicheren Zeiten ist dies gar nicht so leicht - und doch möglich! Das beweist dieses Buch: Es lehrt uns Gelassenheit und zeigt, wie wir diese so kostbaren Eigenschaften einüben und ganz real in unseren Alltag integrieren können. Zeitlose spirituelle Weisheiten und mitunter wundervoll einfache und praktische Anregungen geleiten uns geduldig auf den Weg zu mehr innerem Frieden. Lassen Sie sich von den Einsichten und Erkenntnissen dieses Buches führen, gewinnen Sie neue wertvolle Perspektiven für Ihr Leben und erfahren Sie so einen einzigartigen inneren Reichtum: das Glück der heiteren Gelassenheit!

Staunen

Eine Quelle für Ruhe, Stille, Gelassenheit und Lebensfreude

Hanspeter Ruch

Taschenbuch, 144 Seiten, ISBN 978-3-86616-401-7

Dieses Buch ist ein Plädoyer für die Wunder, die uns jeden Moment umgeben. Mit ihm können Sie die kostbare Fähigkeit des Staunens wiederentdecken. Welch ein Zauber, welche Magie doch das Leben bietet! Mit der Kunst des Staunens verwandeln Sie die Welt – alleine, indem Sie lernen, neu zu schauen, der Freude zu folgen, die Leichtigkeit des Lebens zu fühlen, mit offenem Geist und unvoreingenommenen Sinnen der Welt zu begegnen. Und dann geschieht es: Gelassenheit, Stille und Lebensfreude kehren ein. Dies können Sie nicht glauben? Sie werden staunen…!

Willst Du Recht haben oder glücklich sein

So gelingt eine harmonische Partnerschaft

Chuck Spezzano

Klappenbroschur, 384 Seiten, Format: 15,5 x 22 cm,
ISBN 978-3-86616-449-9

Nirgendwo sonst können wir uns intensiver erfahren und erkennen als in unseren Partnerschaften. Das größte Geschenk, das wir uns dabei machen können, ist es, überall wo Schwierigkeiten, Schmerz oder Kampf bestehen, unsere Projektionen zu entlarven und Bewusstheit hinzubringen. Chuck Spezzano, der berühmte Weisheitslehrer, widmet sich in diesem Buch dem Thema der glücklichen Partnerschaft mit all seiner Leidenschaft, seinem tiefen Wissen und seiner über 40-jährigen therapeutischen Erfahrung. Sein großes Herzensanliegen ist es, uns zu vermitteln, wie „Beziehungen zu einem Pfad des Aufstiegs in Liebe, Integrität, Ganzheit und Freude werden können". Mit diesem neuen Meisterwerk kommen wir diesem herrlichen Ziel ein wesentliches Stück näher.

Umarme dein Leben, wie es ist

Nicht das Glück suchen, sondern glücklich sein

Jeff Foster

Paperback, 304 Seiten, ISBN 978-3-86616-421-5

Jeff Foster kennt die Wege und Irrwege der spirituellen Suche aus höchst eigener Erfahrung und sendet uns in diesem Buch inspirierende Botschaften aus dem unmittelbaren Erleben des Erwachens: Gedichte, Selbstreflektionen und Aufsätze, in denen jederzeit spürbar ist, wie sehr es ihm ein Herzensanliegen ist zu vermitteln, dass das „Ankommen im Jetzt" viel einfacher ist, als wir alle denken. Kann man wirklich in jedem Moment zur Ruhe kommen, ganz gleich, wie hoch die Wellen schlagen? Ja! Jeff Foster zeigt uns, dass das Geheimnis offen vor uns liegt: Vertraue auf die kreative Lebendigkeit und Intelligenz des eigenen Seins! Umarme dich und dein Leben, ganz gleich, wie es sich gerade gestaltet! Liebevoll, tiefgründig, heiter und poetisch - eine großartige Inspirationsquelle für spirituell Erwachte!